HOLGER JUNG, JEAN-REMY VON MATT

# MOMENTUM

## DIE KRAFT, DIE WERBUNG HEUTE BRAUCHT.

Mit einem Nachwort als Blick in die Zukunft von Dominique von Matt

Originalausgabe
1. Auflage März 2002


Umschlagfotos: Giovanni Castell, Hamburg (außen)
Geo und Daniel Fuchs, Neuberg (innen)
Gesamtgestaltung: Jung von Matt AG
Satz: Christians/partner in media – Prepress, Hamburg
Druck: Passavia Druckservice, Passau
Printed in Germany

ISBN 3-89769-031-4

www.lardonmediaag.de
www.jvm.de/buch

# VORWORT

## WIR HASSEN SCHLECHTE WERBUNG.
AM MEISTEN, WENN SIE VON UNS KOMMT.

Deshalb versuchen wir, aus jeder Erfahrung, die wir an der Schnittstelle zwischen Werbeagentur und Auftraggeber machen, möglichst viel zu lernen.

Nach zehn Jahren Jung von Matt haben wir beschlossen, das Gelernte aufzuschreiben und weiterzugeben.

Einfach war es nicht. Denn unser Beruf mit seiner täglichen Gratwanderung zwischen Gefühl und Kalkül fordert ungeteilte Aufmerksamkeit.

So mussten die meisten Wochenenden und Urlaubstage dran glauben. Und damit unsere Familien, denen wir dieses Buch widmen möchten.

Aber was soll man machen? Wir hassen schlechte Werbung. Am meisten, wenn sie von uns kommt.

Holger Jung  Jean-Remy von Matt

# INHALT

# EINLEITUNG

FÜR WERBUNG GIBT ES REGELN.
FÜR GUTE WERBUNG DIE AUSNAHMEN

Dieses Buch setzt an, wo die Kommunikationswissenschaft endet. Mitten in der Praxis. Aus insgesamt über 50 Jahren Frontdienst im Kampf um bessere Werbung möchten wir Erfahrungen weitergeben.

Für alle, die viel Zeit mit Werbung verbringen. Für alle, die viel Geld in Werbung investieren. Besonders für diejenigen unter ihnen, die am Sinn dieser Investition immer wieder zweifeln.

Es gibt genügend Eloquenz in der Kommunikationsindustrie. Insofern ist schon sehr viel darüber gesagt worden, wie man Werbung macht. Wie man Werbung besser macht. Und vor allem, warum es Werbung so schwer hat.

SEIT JAHRZEHNTEN JAMMERT DIE BRANCHE.

Die meisten Fachautoren, die in den letzten Jahren Bücher veröffentlicht haben, sind sich einig. Und malen dasselbe düstere Bild. Sie beschwören die zunehmende Austauschbarkeit von Angeboten. Sie beklagen den Tod der Alleinstellung.

Vor allem aber beschwören sie den erhöhten Verdrängungswettbewerb um Wahrnehmung und Wirkung, die Informationsflut. Das permanente, lästige Grundrauschen der Marketingkommunikation, das zu einem kollektiven Tinnitus der Menschheit geworden ist. Und sie belegen immer wieder mit erschreckenden Zahlen, wie vielen Botschaften der Verbraucher von heute tagtäglich ausgesetzt ist.

Ein Mann kann zwischen vielleicht fünf Automarken wählen, die seinen Bedürfnissen und Möglichkeiten entsprechen. Er hat in seinem Leben die Wahl zwischen drei Ehefrauen. Dreimal, in Einzelfällen viermal, steht er einer Frau so nahe, dass Heirat ein Thema ist.

Auch die Berufswahl ist durch seine Ausbildung und durch seine Affinitäten begrenzt: Vielleicht kommen sieben Berufe ernsthaft infrage. Geht er in ein Restaurant, kann er zwischen fünf Hauptgerichten wählen. Fährt er nach Hause, zwischen zwei Routen.

Aber: Jeden Tag muss dieser Mann zwischen 4.500 Werbebotschaften wählen. Er muss entscheiden, welche er mitnimmt und welche er links liegen lässt. Aus dieser Flut von Angeboten leiten die Autoren dann ab, dass Marketingkommunikation heute inspirierender, kreativer, mutiger sein muss.

Das ist zwar keineswegs falsch, aber genauso wenig neu. Denn die Informationsflut hat schon mit Gutenberg begonnen. Und sie wurde schon Mitte des 20. Jahrhunderts in Walter Benjamins „Das Kunstwerk im Zeitalter seiner technischen Reproduzierbarkeit“ diskutiert. Zu einer Zeit also, wo es die Disziplin Medienwissenschaften noch gar nicht gab.

Längst hat die Wahrnehmung eine Evolution durchlaufen. Der Verbraucher hat seine Konsequenzen aus der Informationsflut gezogen. Die Rettungsweste heißt Selektion. Er selektiert und lässt nur solche Botschaften zu, die für ihn von Nutzen sind. So geht er wenigstens nicht in der Flut unter. Dabei hat er nicht nur schwimmen gelernt.

Er ist obenauf und surft auf der Informationswelle. Er ist nicht gestresst. Er ist vor allem verwöhnt. Er ist kein Opfer. Er ist im Gegenteil souveräner Herr der Lage und wählt genüsslich zwischen allen Kommunikationsangeboten aus.

Hier endet die Ära der Riesenwaschkraft. Die Werbung verliert ihr altes Recht, unangemeldet in Wohnzimmer zu platzen und trotzdem nett empfangen zu werden. Die Zukunft der Werbung wird dadurch bestimmt, dass Medienkonsum immer freiwilliger wird. Und genau das ist das neue Problem der Werbung. Und die neue Herausforderung für uns Werber.

## WIE VERFÜHRE ICH EINE PRIMADONNA?

Wie gewinne ich den verwöhnten Konsumenten? Verwöhnt durch immer mehr Chancen, sich Information gezielt zu beschaffen. Aber auch Chancen, Informationen gezielt zu entfliehen. Vom Zapping bis zum Webwasher, der das Internet von Bannern befreit.

Wie gewinne ich den aufgeklärten, emanzipierten, selbstbewussten Konsumenten? Wie gewinne ich jemanden, der mich durchschaut? Der sich nichts vormachen lässt? Wie sorge ich dafür, dass der, der über Werbung nur den Mund verzieht, über meine Werbung lächelt?

Es gibt eine Insel, deren Bewohner einen eigentümlichen Brauch haben: Bäume, die zu dick sind, um sie mit der Axt zu fällen, werden angebrüllt. Einen Monat lang jeden Tag. Danach fallen sie.

Man mag über diesen Brauch lachen, ihn primitiv finden. Aber sind wir hoch bezahlten Werbefachleute anders? Versuchen wir nicht auch, den Verbraucher anzuschreien, bis er nachgibt?

In der Sorge, dass uns keiner mehr zuhört, wurden wir immer lauter und lauter. Wir wollten das Problem lösen, indem wir einfach noch mehr Gas gaben. Wie der Autofahrer, der feststellt, dass sein Benzin knapp wird, und instinktiv aufs Gaspedal drückt, um möglichst schnell die nächste Tankstelle zu erreichen. Obwohl er wissen müsste, dass er sein Ziel sicherer erreicht, wenn er etwas vom Gas geht.

Mit den Waffen der Werbung haben wir versucht, Stopping Power zu erwirken. In der Ballistik bezeichnet dieser Begriff die Fähigkeit einer Waffe, einen Gegner zu stoppen. Doch ist das das richtige Mittel, um aus Fremden Freunde zu machen? Wie lange haben wir Lautstärke mit Werbewirkung gleichgesetzt und eine marktschreierische Kampagne nach der anderen produziert? Wie lange haben wir uns damit begnügt, im

# "WAR FOR EYEBALLS"

der Sieger zu sein?

Wir alle beklagen die Menge-Zeit-Schere, mit der der Konsument von heute Informationen aufnehmen muss. Wir machen uns Sorgen über die Beiläufigkeit, mit der die Werbung aufgenommen wird. Und über das Leiserdrehen des Fernsehers in der Werbepause.

Auf der anderen Seite weiß jeder, dass es Werbung gibt, über die man sogar spricht, die zum Thema wird, die so ansteckend ist, dass man sie freiwillig weitererzählt.

Die durchschnittliche Betrachtungsdauer einer Anzeige beträgt 1,7 Sekunden. Das mag erschrecken. Doch die Zeitspanne von der Ballannahme von Oliver Bierhoff bis zum ersten Golden Goal der Fußballgeschichte betrug auch 1,7 Sekunden. Trotzdem können sich Millionen noch daran erinnern. Auch die Zeitspanne vom letzten Schlag Muhammad Alis im "rumble in the jungle" bis zur Ankunft von George Foremans Kopf auf dem Ringboden betrug 1,7 Sekunden. Fast dreißig Jahre später ist dieser Moment aus Millionen Köpfen nicht gelöscht.

In der modernen Kommunikation geht es nicht darum, aus 1,7 Sekunden 2,7 Sekunden machen zu wollen. Es geht vielmehr darum, die 1,7 Sekunden zu einem nachhaltigen Aha-Erlebnis zu machen, das bis zur nächsten Markenwahl hält. Die Hamlet-Frage der Werbung lautet nicht mehr: Auffallen oder durchfallen? Impact war zwanzigstes Jahrhundert.

# MOMENTUM

IST DIE KRAFT, DIE WERBUNG HEUTE BRAUCHT.

Wie kann Kommunikation beiläufiges Interesse in nachhaltiges Bewusstsein umwandeln?

Die kleinste wahrnehmbare Zeiteinheit nennen Psychologen Momentum. Beim Menschen beträgt es etwa eine achtzehntel Sekunde. Zwei Reize, die in diesem Intervall aufeinander folgen, werden noch getrennt wahrgenommen.

In der Physik bezeichnet ein Momentum das Produkt zweier physikalischer Größen: Es setzt sich aus Masse und Geschwindigkeit zusammen und bedeutet „gezielte Wucht". Werbung hat dann Momentum, wenn sie Überzeugung und Begeisterung auf einen Moment konzentriert. Wenn sie mit einem Wimpernschlag ein nachhaltiges Erlebnis schafft.

Kommunikation mit Momentum ist wie ein Spielzeugauto mit Schwungrad. Erst bei einem Hindernis zeigt es seine wahre Schubkraft. Immer wieder wird versucht, mit Formeln Sicherheit bei der Beurteilung von Werbung zu suggerieren. Sie helfen zwar, die Relevanz einer Kampagne für Zielgruppe, Marke und Markt zu bewerten.

Doch sie sagen leider nichts über die kreative Qualität einer Kampagne aus. Insbesondere half bisher keine Theorie, das Spannungsverhältnis zwischen Unterhaltungsanspruch und Überzeugungsleistung von Werbung zu entkrampfen.

Momentum bezeichnet exakt die Schnittstelle zwischen Unterhaltung und Überzeugung. Den Moment, in dem eine Werbeidee die Aufmerksamkeit in einen didaktischen Erfolg umwandelt.

Ein hohes Momentum spricht nicht nur die Sinne an, sondern gibt dem Denken eine neue Richtung. Das heißt:

MOMENTUM DREHT NICHT NUR KÖPFE,
SONDERN ES DREHT IN DEN KÖPFEN ETWAS.

Wie erkennt man diese kumulative Kraft? Leider oft erst im Nachhinein. Es kann deshalb kein Patentrezept geben, weil der emotionale Aspekt überwiegt. Hier sind wir Leidensgenossen der Unterhaltungsindustrie. Auch dort beginnt vieles mit Glauben und Hoffen, und hinterher sind alle klüger.

Das Einzige, was berechenbar ist, sind die Voraussetzungen für Momentum: Botschaft und Werbeidee müssen zu einem untrennbaren Nukleus verschmelzen. Und damit eine zielgerichtete Wucht entfachen, die sofort spürbar wird. Und nicht erst nachdem sie ein Werbeberater wortreich verkauft hat.

Doch die entscheidende Größe, die Intensität des Momentums, erkennen nur die seltenen Trüffelschweine der Branche. Und auch das nur mit Glück. So gesehen kann dieses Buch keine endgültige Antwort geben. Aber es kann mit Beispielen anregen und Bauchgefühl bilden. Auf geht's!

PS: In unser Buch sind Arbeiten aus dem ersten Jahrzehnt von Jung von Matt eingestreut. Sozusagen als Unterbrecherwerbung. Diese Anzeigen, Plakate und TV-Spots stehen nicht immer im Zusammenhang mit dem jeweiligen Kapitel, sondern sollen unseren Anspruch illustrieren: als praktische Beispiele für Kampagnen, die Momentum bewiesen haben.

# 1. KAPITEL

# DAS HEBELGESETZ DER KOMMUNIKATION

## ÜBER DIE WIRTSCHAFTLICHE BEDEUTUNG VON GROSSEN IDEEN

Europas Hauptstadt Brüssel hat zwei Sehenswürdigkeiten, die um die Gunst des Publikums buhlen: das 102 Meter hohe Atomium und die 110 Meter lange Grand' Place.

Das Atomium wurde anlässlich der Weltausstellung 1958 nach 18 Monaten Bauzeit fertig gestellt. Es symbolisiert einen Eisenkristall mit neun Atomen in einer 165-milliardenfachen Vergrößerung und wiegt 2.400 Tonnen. Jede Kugel hat einen Durchmesser von 18 Metern.

Der Bau der Grand' Place zog sich über mehrere Jahrhunderte hin. Bereits im Jahr 1402 begann der Baumeister Jacob von Thiemen mit dem Bau des Rathauses, aber noch im 19. Jahrhundert wurde an dem Platz gebaut.

Sowohl das Atomium als auch die Grand' Place gehören zu den aufwändigsten Bauwerken ihrer Zeit. Beide sind faszinierend und weltweit einzigartig. Doch keines von beiden kann das Duell gewinnen. Denn der klare Publikumsliebling sitzt ein paar Ecken von der Grand' Place entfernt: das nur 45 Zentimeter große Manneken-Pis. Es hat es zu Weltruhm gebracht.

Wie können 45 Zentimeter über 100 Meter schlagen? Wie kann so klein so groß besiegen? Nur durch eine besondere Kraft, die wir Momentum nennen.

Die Grand' Place ist vor allem schön. Das Atomium ist vor allem groß. Beides reicht nicht aus, um einen Denkprozess auszulösen. Doch auf einen öffentlichen Platz einen Brunnen zu stellen, in den jemand permanent reinpinkelt, das ist originell und ungesehen. Und involviert mehr als konventioneller Gigantismus.

Würde der Wasserstrahl aus dem Mund oder aus den Ohren kommen, würde kein Mensch das unscheinbare Männchen in der grauen Straßenecke wahrnehmen.

Der niedliche kleine Pisser illustriert nicht nur die Kraft einer Idee, sondern auch unser Verständnis von Momentum in der Werbung. Der kommunikationsverwöhnte Geist reagiert nicht mehr auf herkömmliche Kommunikation ohne Überraschungseffekt. Er speichert sie unverarbeitet ab. Déjà-vu. Alles bleibt beim Alten. Um ihn zu erreichen, muss man eine kognitive Dissonanz erzeugen, einen Denkprozess auslösen. Ein „Nanu!" provozieren.

Auch die Tatsache, dass sich eine Reihe von Legenden um das Manneken-Pis ranken, zeigt seine emotionale Kraft. Man erzählt, dass das Männchen einst, mit seinem Wasserstrahl, Brüssel vor einem Feuer gerettet haben soll. Oder dass ein kleiner Junge gegen die Türe einer Hexe pinkelte, die darauf so ärgerlich war, dass sie ihn in eine Statue verwandelte.

Dazu passt auch, dass das Manneken-Pis von seinen Mitbürgern liebevoll eingekleidet wird: Mal ist es Dracula, mal Elvis, mal Eishockeystar oder auch Weihnachtsmann. Insgesamt besitzt es mittlerweile 600 Kostüme.

Um etwas zu kreieren, das auf der ganzen Welt von Jung bis Alt ein hohes Momentum auslöst, braucht es mehr als Größe und Schönheit, nämlich den Reiz des Das-kann-doch-nicht-wahr-Seins.

## DIE SCHÖNSTEN FRAUEN DER WELT

können Aufsehen erregen und, wenn sie zufällig auf einer Plakatfläche für Unterwäsche werben, Verkehrsunfälle auslösen. Aber erst wenn eine von ihnen durch ihre interessante Art oder ihr besonderes Tun überrascht, wird Momentum daraus.

Wenn ein Pfarrer in einem Taucheranzug predigt, löst das sicher etwas aus. Aber erst wenn er sein Evangelium in einen überraschenden Zusammenhang mit seinem Outfit bringt, setzt er einen Impuls, der das Momentum erhöht. Erst jetzt bringt er bei der staunenden Kirchengemeinde einen Denkprozess ins Rollen.

Natürlich setzt Momentum voraus, dass man gewohnte Kommunikationsmuster verlässt. Und sich zwangsläufig auf Neuland vorwagt. Genauso wie der Pfarrer Merkwürdigkeit einsetzt, um die Merkfähigkeit zu sichern.

Spannung braucht Energie. Erst durch einen Impuls, eine Kraft von außen, können wir das Momentum erhöhen und den Energieerhaltungssatz des Déjà-vu durchbrechen.

Momentum beginnt jenseits vom Gewohnten, Gesicherten, Alltäglichen.

Ein häufiger Konfliktpunkt zwischen Auftraggeber und Werbeagentur ist folgender: Beide sind sich zwar einig, dass sie ein Stück faszinierender, überraschender Werbung produzieren wollen. Doch nun kommt das Problem: Der Auftraggeber möchte, dass seine Werbung menschliche Stärken darstellt. Er möchte gut aussehende Menschen zeigen, die in friedlicher Eintracht miteinander kommunizieren.

Die Werbeagentur weiß jedoch, dass Faszination gerade dort beginnt, wo die heile Werbewelt aufhört. Erst menschliche Schwächen machen einen TV-Spot merkfähig. Weil Perfektion austauschbar ist und innerhalb der Werbung weder differenziert noch reizt. Weil Perfektion schlicht und einfach langweilt. Es gibt unzählige Beispiele, die diese Gesetzmäßigkeit illustrieren.

Der Audi-Spot, in dem der Fahrer vergessen hat, wo der Tank ist. Der Sparkassen-Spot, in dem der frisch gebackene Papa von seinem Sohn einen Vogel gezeigt bekommt. Der DEA-Spot, in dem Super-Ingo aus Versehen Diesel tankt.

## DIE WELT LIEBT PECHVÖGEL
NUN MAL MEHR ALS SIEGERTYPEN.

Schauen Sie sich die erfolgreichsten Sendungen im Fernsehen an. Menschliche Schwächen spielen überall eine Rolle. Beim Big-Brother-Erfolg sogar die Hauptrolle. Ecken und Kanten reizen. Normalität lässt kalt.

Um den Effekt zu erklären, nutzen wir ein Bild aus dem Motorsport. Dort gibt es die so genannte Ideallinie, womit die Spur gemeint ist, auf der man einen Kurs am sichersten und schnellsten umfahren kann. Diese Ideallinie hat nur einen Nachteil: Weil alle sie nutzen, kann man auf ihr nicht überholen. Wer überholen will, muss auf die Kampflinie ausweichen, die schmutziger und riskanter ist. Aber die einzige Chance, nach vorne zu kommen.

Das Gleiche gilt in der Kommunikation: Nur wer vom idealen Weg abweicht, kann andere überholen. Nur wer vom idealen Bildmotiv, von der idealen Dramaturgie, von der idealen Schrift, vom idealen Menschen abweicht, kann Menschen begeistern.

## ES IST GUT, DIE WICHTIGSTEN REGELN DER KOMMUNIKATION ZU KENNEN.
### DANN KANN MAN SIE GEZIELTER BRECHEN.

Denn gerade auch Werbeideen stehen in einem harten Wettbewerb. Und je mehr sich alle anstrengen, desto höher liegt die Latte. Ein nett gemachter, pfiffiger Spot ist heute nichts mehr, was ein hohes Momentum generiert. Die Dosis liegt höher. Und schädliche Nebenwirkungen sind nicht nachweisbar.

Werbung kann zwar vieles unterlassen, aber nicht viel falsch machen. Das Risiko ist wesentlich geringer, als immer wieder vermutet wird. Der Verbraucher versteht Werbung grundsätzlich positiv. Er hat gelernt, dass Werbung eine Kommunikationsform ist, Produkte oder Dienstleistungen positiv darzustellen. Und so versteht er sie auch. Und deshalb kann man sein Wohlwollen voraussetzen.

美しい髪はエキスパートを必要とします。
WELLA
Beautiful hair needs an expert. In Japan and 147 other countries.

**WELLA „FLAGGE", PRINT 2000:**

WIE MACHT MAN SCHÖNES HAAR ZU EINEM MARKENARTIKEL? INDEM MAN ES MIT EINEM MARKENZEICHEN VERSIEHT. UM DIE WELLA-KAMPAGNE IN 140 LÄNDERN ZU IMPLEMENTIEREN, GRÜNDETEN WIR DIE WORLDFORCE, EINE MULTIKULTURELLE ABTEILUNG MIT DER AUFGABE, UNSERE KAMPAGNEN OHNE WIRKUNGSVERLUST IN ANDERE KULTURRÄUME ZU ÜBERTRAGEN.

FOTOGRAF: JENS STUART

Wenn in einer Anzeige über einem Auto das Wort „Leistung“steht, erkennt der Verbraucher sofort, dass hohe, nicht niedrige Leistung gemeint ist. Wenn über einem Mädchen „Zicke“ steht, weiß er, dass das nicht negativ, sondern ironisch gemeint ist.

Aufmerksamkeit können Sie schon mit einem ungesehenen Bild erhalten. Für eine Änderung des Momentums reicht ein einfacher Reiz nicht aus. Hier ist ein neuer Gedanke gefragt, ein Impuls von außen. Nicht nur eine rein formale Idee. Eine inhaltliche Idee.

Als wir den Auftrag hatten, für Wella ein neues Kommunikationskonzept zu entwickeln, beklagte sich der Auftraggeber über das schlechte Branding der bisherigen Werbung. Sie hatten mit bis zu fünf Markenzeichen pro Anzeige versucht, diese Schwäche wettzumachen.

Wir lösten das Problem mit einer neuen Branding-Idee. Unser Gedanke: Wir machen aus schönem Haar einen Markenartikel. Und kennzeichnen es so, wie es etablierte Weltmarken auf ihren Produkten tun. Diskret auf dem Ziffernblatt wie Rolex. Diskret auf der Innentasche wie Armani. Diskret im Ohr wie Steiff-Teddys. Wir setzten das Wella-Logo mitten ins Haar, in ein kleines Label.

Der Effekt war auch für uns überwältigend. Das kleine Logo schlug nicht nur die fünf großen Logos aus den alten Anzeigen, sondern auch das formatfüllende des Hauptkonkurrenten. Der neue Gedanke war mit Größe nicht zu schlagen. Klein und schlau schlägt groß und dumpf.

Ein hohes Momentum entsteht aber nicht nur dadurch, wie Kommunikation auftritt, sondern auch, wo sie auftritt.

## DIE DAVID-UND-GOLIATH-GESCHICHTE
FINDET AUCH IN DER KOMMUNIKATION STATT.
JEDEN TAG NEU.

Woher weiß Jung, dass in Schleswig-Holstein Mais angebaut wird? Er hat es bei einem Winterspaziergang gelesen. Auf einer Tafel am Wegesrand, die mit einem langen Text beschriftet war. Nie zuvor hat ihn eine Information über Maisanbau in Schleswig-Holstein interessiert.

Im Fernsehen würde er sofort umschalten, wenn ein Trailer ankündigen würde: „Kommen wir jetzt zum Maisanbau in Schleswig-Holstein." Er würde weder in der Bild-Zeitung einen 10-Zeiler noch in der F.A.Z. einen längeren Kommentar lesen. Und schon gar nicht eine große Maiskolben-Bilderstrecke im Stern anschauen.

Nur aus einem einzigen Grund hat er diesen Text gelesen. Weil er hungrig war. In der Not frisst der Teufel fliegen, liest ein In-Flight-Magazin oder blättert sogar in einer alten „Frau im Spiegel", die im Wartezimmer seines Urologen rumliegt.

Die Tafel war das erste Stück Kommunikation nach zwei Stunden Wanderung. Er freute sich, dass ihm jemand etwas mitteilen wollte. (Die restlichen Stunden der Wanderung war er mit der Frage beschäftigt, warum er dieses Schild gelesen hat, und vor allem mit der Frage: Was können wir daraus für die Mediaplanung lernen?)

JUNG v. MATT/Isar

**BMW „ZWEI SCHEINWERFER", TV-SPOT 2001:**

WIE OFT SIND WIR WERBER MIT AUSTAUSCHBAREN PRODUKTEN KONFRONTIERT! UMSO ERFRISCHENDER IST ES, AUCH MAL EINE REVOLUTIONÄRE INNOVATION ZU BEWERBEN. BMW BAUTE DAS ERSTE ZWEIRAD MIT DER SICHERHEITSAUSSTATTUNG EINES MODERNEN AUTOS. DER SPOT LIEF IN GANZ EUROPA UND WURDE IN CANNES MIT EINEM GOLDENEN LÖWEN AUSGEZEICHNET.

REGIE: PAUL ARDEN
FILMPRODUKTION: ARDEN SUTHERLAND-DODD

Zunächst gilt das, was auch für einzelne Werbemittel gilt: Je mehr Botschaften sich ballen, desto gesättigter der Rezipient und desto geringer die Wirkung der einzelnen Botschaft.

Auch in der Kommunikation ist Alleinstellung alles. Der dahergesprochene Satz „Kruzifix, des is fei teier!" fällt in den Souks von Marrakesch viel mehr auf als bei Ludwig Beck am Rathauseck, völlig unabhängig davon, ob er da oder dort mehr zutrifft. In den Souks dreht man sich um, wenn man so etwas hört, bei Ludwig Beck nicht. Momentum wortwörtlich.

Eine BMW-Anzeige hat in einem Weinführer ein höheres Momentum als in auto motor und sport. Genauso wie eine Taittinger-Anzeige in auto motor und sport. Voraussetzung für das Abweichen vom herkömmlichen Weg ist natürlich, dass man seine Zielgruppe antrifft.

Die Marktplatz-Theorie, dass man am meisten dort verkauft, wo sich der Rest der Branche tummelt, ist nicht auf Mediaplanung anwendbar. Ihre Botschaft muss irgendwie herausstechen, überraschen, die einzige auf weiter Flur sein. Wie die Tafel am Wegesrand. Wie der Bayer in den Souks.

Oder wie einige überraschende Mediaideen, die wir in unserer Agentur realisieren konnten: Einmal streiften wir durch den Flughafen und suchten nach ungenutzten Werbemöglichkeiten. Da fiel uns auf, dass kaum irgendwo Leute gelangweilter, also reizhungriger sind als beim Warten auf ihr Gepäck. So entstanden die Gepäckband-Koffer von Sixt. Dann die zeitungslesenden Puppen in den Abflughallen. Später bedruckten wir auch die Plastikkörbe, die bei der Sicherheitskontrolle für die Mäntel der Flugreisenden bestimmt sind.

Eine andere Mediaidee, die am Flughafen entstand, waren die Abholer für die Welt am Sonntag. Sonntags ließen wir Studenten mit Schildern bei der Ankunft stehen. Aufschrift: „Helmut Kohl". Und klein darunter: „Schreibt heute in Welt am Sonntag".

Weltweite Beachtung erzielte unser Werbeblock-Event für BMW. Wir buchten einen ganzen Block bei SAT.1 und ließen einen BMW durch alle Werbespots fahren. Diese Idee erzielte nicht nur höchste Beachtungswerte, sondern auch eine Menge Berichterstattung in Wirtschaftszeitungen. Inklusive einer ganzen Seite in der englischen Financial Times.

Ein großes Medienecho erzielten wir auch, als wir die Gebäude der Großbanken in Frankfurt für den Börsengang des Online-Brokers Consors mit Lichtkanonen bestrahlten. In der Nacht vor dem IPO stand da zu lesen: „Eure Gebühren sind genauso hoch" oder

„EURE ARCHITEKTEN SIND EINFALLSREICHER ALS EURE ANLAGEBERATER".

Leider ist ein kongeniales Vorgehen von Kreativagenturen und Mediaagenturen bei der Entwicklung ungewöhnlicher Werbeformen selten. Je mehr das Mediageschäft zum reinen Mengengeschäft wird, desto mehr schwimmen die Planer mit dem großen (Geld-)Strom und empfehlen die altbewährten Plätze.

Obwohl eine Botschaft sich umso besser einprägt, je weiter sie von anderen Botschaften entfernt ist. Quantitativ und qualitativ. Da sich die Botschaften in den beliebtesten Werbemedien ballen, hilft oft nur Letzteres: der qualitative Abstand.

Ein alternativer Mediaplan, der nachweislich die doppelten Leistungswerte bringt, würde jeden verwundern. Hier kann etwas nicht stimmen: Vielleicht wurden Auflage und Reichweite verwechselt? Oder Nettoreichweite mit Bruttoreichweite? Oder D-Mark mit Euro. Doch niemand wundert sich, wenn eine überraschende Mediaidee doppelte Schubkraft bringt.

Natürlich gehört Mut dazu, vom gelernten Weg abzuweichen, die Ideallinie zu verlassen. Den ganzen Etat auf ein Medium zu konzentrieren. Oder die Deutsche Bank anzustrahlen.

Apropos Banken. Jeder aufgeklärte Mensch kennt das unumstößliche Gesetz einer Geldanlage: Wer eine hohe Rendite sucht, muss ein höheres Risiko eingehen. Wer mit einer mäßigen Rendite zufrieden ist, kann das Risiko minimieren.

Banken sind verpflichtet, ihre Kunden auf diese Abhängigkeit aufmerksam zu machen und sich die Risikobereitschaft schriftlich bestätigen zu lassen. Der Kunde wählt in Stufen zwischen „geringes Risiko = geringe Rendite" und „hohes Risiko = hohe Renditechance". Auch das tut der Investor klaglos.

Warum ist es aber für den Werbungtreibenden so schwer zu begreifen, dass Werbung der gleichen Gesetzmäßigkeit unterliegt: dem Risiko-Rendite-Gesetz der Kommunikation?

## NUR WER ZU EINEM GEWISSEN RISIKO BEREIT IST, KANN MIT EINER ÜBERDURCHSCHNITTLICHEN LEISTUNG RECHNEN.

Wer aber alles vorher absichert, wird auch in der Wirkung keine Überraschungen erleben. Auch keine positiven.

Der Kunde einer Werbeagentur ist in der Regel zu keinem Risiko bereit. Er kreuzt „hohe Sicherheit" an, ist aber nicht bereit, eine niedrige Rendite zu bekommen. Er ist aber auch nicht bereit, ein höheres Risiko einzugehen.

Schade! Denn die Rendite einer besseren Idee kann gigantisch sein. Ein Blick nach Hollywood veranschaulicht dies. Eine durchschnittliche Filmidee spielt vielleicht die Produktionskosten ein. Eine erfolgreiche Filmidee spielt aber nicht 10 % oder 20 % mehr ein. Sondern zum Beispiel über 1.000 % wie „Independence Day", „Titanic" oder der erfolgreichste deutsche Film aller Zeiten: „Der Schuh des Manitu".

Oder sogar 4.500 % wie im Falle von „Blair Witch Project". Dieser Film kostete in der Produktion weniger als 30.000 US-Dollar und wurde ein gigantischer Welterfolg. Es stand niemand vor der Kamera, den man kennen muss. Und es stand auch niemand hinter der Kamera, den man kennen muss. Auch am kinematografischen Niveau kann es nicht gelegen haben. Es waren allein ein einfaches, überraschendes Skript zwischen Fiktion und Realität plus eine clevere Vorverkaufe im Internet, die diesen Erfolg auslösten.

Offensichtlich ist eine ungewöhnliche Idee der erfolgreichste Weg, eine Botschaft oder ein Produkt unter die Massen zu bringen. Und damit Kreativität der Wirtschaftsfaktor mit der größten Hebelwirkung.

Nikolas Hayek wurde 1985 als Zwangsverwalter in eine Uhrenfabrik geschickt. Statt das Unternehmen zu liquidieren, versuchte er etwas Ungewöhnliches. Er organisierte Workshops mit Mitarbeitern und jungen Designern, und daraus entstand eine neue, tragfähige Unternehmensidee: Swatch.

Die Unterbrechung von Routinen und Erwartungen kann also zu erstaunlich erfolgreichen Ergebnissen führen. Es kommt in erster Linie darauf an, überhaupt etwas zu ändern, um das „Mehr desselben" zu unterbrechen.

Überall, wo durch kreative Ideen Parameter verändert werden können, ist hohes Momentum möglich. Wo nur empirisches Wissen Optimierungen erbringt, muss man genügsam sein.

Man kann zum Beispiel sehr lange an einem Formel-1-Triebwerk herumtüfteln und wird froh sein, wenn man ein Leistungsplus von 5 % erzielt. Man kann ebenso lange innovative Anlagestrategien aushecken und wird froh sein, wenn man ein Leistungsplus von 5 % erzielt.

Doch eine überdurchschnittliche kreative Idee kann Prozentberge versetzen. Alles, was Sie dazu brauchen, ist die Zuversicht, dass eine Idee mit Momentum vorliegt. Und den Mut, sie zu bringen.

Selbst Menschen, bei denen ein einziger Fehler schlimme Folgen haben kann, erleben Risiko als Voraussetzung für Erfolg. Der Titel eines Vortrags, den Reinhold Messner hielt, lautete:

ERFOLG, DAS RISIKO DES SCHEITERNS.

Mehr Mut kann übrigens nicht nur bei der Umsetzung, sondern auch bei der Aussage der Werbung mehr bewegen. Wie leicht schlägt ein Politiker, der ein konkretes Wahlversprechen macht, seinen Gegner, der nur Allgemeinplätze wiederholt? Oder ein Verliebter, der einen Heiratsantrag macht, seinen Nebenbuhler, der nur über den Sonnenuntergang philosophiert?

Oft frühstückt Jung im gleichen Café wie die Jungs von unserer Reinigungsfirma. Natürlich grüßt er jedes Mal freundlich, doch nie würde er sich interessiert an deren Tisch setzen und fragen: „Werdet ihr auch richtig motiviert?" Oder Tipps geben: „Achtet bitte mehr auf den Empfangstresen." Selbst wenn ihn mal eine unsaubere Stelle auf dem Konferenztisch ärgert, würde er das nie direkt kommunizieren. Und niemand würde das von ihm erwarten.

Das Problem ist aber: Genauso wie Agenturchef Jung seine Reinigungsfirma betrachtet, betrachten immer noch viele Unternehmenschefs ihre Werbeagentur. Als notwendige Dienstleister, die irgendwie funktionieren müssen, die man freundlich grüßt, wenn man sie zufällig trifft, mit deren Problemen man sich aber nicht weiter befassen will und deren Ergebnisse im Detail nicht interessieren. Nicht aber als Lieferanten des immer kostbarer werdenden Rohstoffs: Kommunikation.

DB
Die Bahn

**DEUTSCHE BAHN „LENKRAD“, PLAKAT 2000:**

DIESE IDEE LAG FÜNF JAHRE LANG BEI UNS IN DER SCHUBLADE, BIS DIE BAHN EINE FÜHRUNG BEKAM, DIE ANGRIFFSLUST ZEIGTE. IN UNSERER BAHN-WERBUNG GING ES NICHT DARUM, DAS AUTO ZU VERTEUFELN. ES GING VIELMEHR DARUM, EIN NEUES SELBSTBEWUSSTSEIN FÜR DIE BAHN ZU ZEIGEN. UND DAMIT DEN ÜBER 300.000 BAHN-MITARBEITERN DEN RÜCKEN ZU STÄRKEN.

FOTOGRAF: KAI-UWE GUNDLACH

Ein Missstand in einer Zeit, in der Kommunikation nicht nur Marken prägen, nicht nur Produkte verkaufen, sondern sogar ein ganzes Unternehmen verbessern kann.

Zum Beispiel indem man eine Werbeaussage wählt, die das Unternehmen zu einer bestimmten Leistung verpflichtet. Leider haben gerade davor viele Werbungtreibende Angst:

„Wir können dieses Versprechen nicht geben, weil wir es nicht halten können." Damit unterlassen sie es, die wichtigste Zielgruppe der Welt, nämlich die eigenen Mitarbeiter, zu fordern und zu motivieren. Eine bessere, weil effizientere Einstellung wäre:

„WENN WIR DIESE WERBUNG MACHEN, MÜSSEN WIR DIESES VERSPRECHEN HALTEN."

Als wir den Mövenpick-Etat übernahmen, war das Image der Restaurants angeschlagen. Und das kam nicht von ungefähr. Durch zahlreiche Managementwechsel war die Servicequalität weit von dem entfernt, was der Gründer Ueli Prager einmal geprägt hatte. Aus unserer Sicht höchste Zeit für eine Kampagne, die vor allem nach innen arbeitet, indem sie jeden Einzelnen verpflichtet. Wir schlugen den Mövenpick-Leuten den Slogan „Mövenpick macht glücklich" vor.

In einer Untersuchung stellten wir zuvor zwar fest, dass die Aussage polarisierte: Viele der Befragten fanden das Versprechen übertrieben, unangemessen und insbesondere für Mövenpick nicht haltbar. Typisch dafür war die Meinung eines

Mittvierzigers: „Eine Frau kann mich vielleicht glücklich machen, aber ein Eisbecher? Ich weiß nicht." Eine zweite Beobachtung gab uns aber die Gewissheit, dass dieser Slogan Momentum haben würde: „Mövenpick macht glücklich" ließ keinen kalt. Er provozierte und amüsierte. Jeder Befragte reagierte emotional auf ihn. Er löste Interaktion aus. Er verwandelte missmutige Passanten in angeregte Interviewpartner.

Mövenpick war so weitsichtig, den Slogan einzusetzen, der sich sofort überall herumsprach. Nur mit einer Empfehlung konnten wir uns nicht durchsetzen: Wir wollten, dass jeder Kellner und jede Kellnerin „Ich mache Sie glücklich" auf dem Revers stehen hat. Doch so weit konnten sich die Marketingleute im Betrieb nicht durchsetzen. „Mövenpick macht glücklich" war für die Restaurantleiter eindeutig genug des Glücks.

In einem anderen Fall konnte sich von Matt mit einem verpflichtenden Werbeversprechen nicht durchsetzen. Als junger Texter arbeitete er für die Bosch-Dienste, die sich als verlässliche Dienstleistungsmarke vom wilden Rudel der freien Kfz-Werkstätten abgrenzen wollten. Folgender Slogan entstand: „Wir machen nicht alles. Aber alles perfekt."

Bei der Präsentation saßen über 900 selbstständige Bosch-Partner im Saal, die den Slogan mit Begeisterung aufnahmen. Als der Applaus endlich verstummte, gab es eine Wortmeldung. Ein älterer Kfz-Meister aus dem Saarland gab mit leiser Stimme zu bedenken, dass er sich zwar sehr um Perfektion bemühe, aber hin und wieder ein Fehler unvermeidlich sei. Wenn er ganz ehrlich sei, könne er zu diesem Slogan nicht stehen.

Seine ehrliche Sorge brachte die Euphorie zum Kippen. Weitere meldeten sich und stimmten ein. Und nach fünf Minuten war der Slogan mausetot und das erhoffte Momentum im Keim erstickt. Menschlich verständlich, was der Saarländer da angerichtet hat, aber fachlich bedauerlich. Auch wenn der Anspruch der Perfektion utopisch ist: Hätten sich die Bosch-Dienste Mitte der 70er Jahre dazu bekannt, wären sie dadurch immer besser geworden. Sie hätten sich sozusagen selbst dazu gezwungen.

Natürlich wären auch die unerfreulichen Folgen, die der Kfz-Meister befürchtete, nicht ausgeblieben. Man hätte sich mit einigen enttäuschten Kunden auseinander setzen müssen, man hätte unbequeme Briefe beantworten müssen. Aber genau dieser Leidensdruck kann die Leistung eines Produkts oder eines ganzen Unternehmens steigern und so das Vertrauen in eine Marke letztlich erhöhen.

Sicher hat eine Marke wie Sixt, die nur eine eng definierte, weltoffene Zielgruppe anspricht, mehr Spielraum als Mövenpick oder Bosch, die einer breiteren Öffentlichkeit verpflichtet sind. Doch für jede Marke gilt: Nur wer an seine eigenen Grenzen geht, nur wer sein persönliches

DAS-KANN-DOCH-NICHT-WAHR-SEIN-DEPOT

ausschöpft, kann mit maximalem Schub rechnen, nur wer bereit ist, das Risiko zu tragen, auch mal Kopfschütteln zu ernten. Vergessen Sie nicht: Mut macht nicht nur die Werbung interessanter, sondern auch den Absender. Denn Mut ist eine Tugend, die von Entschlossenheit, Vitalität und Dynamik zeugt, was vielen Markenpersönlichkeiten gut zu Gesicht steht. Der Mut der Bahn, die anderen Verkehrssysteme anzugreifen, hat ihr Momentum erhöht. Und viel Selbstbewusstsein in den eigenen Reihen generiert.

Vor allem das Motiv, das das angebissene Lenkrad von einem Auto zeigt, das im Stau steht. Die herausfordernde Wirkung dieses Motivs dokumentiert auch der Leserbrief eines entrüsteten Autofahrers in auto motor und sport, der mit den Worten schloss: „Der Biss in ein Lenkrad ist immer noch schmackhafter als der Biss in ein Mitropa-Brötchen."

# 2. KAPITEL

# EIN GUTES PFERD SPRINGT KNAPP. GUTE WERBUNG NICHT

## ÜBER DIE SELBSTERFÜLLENDE KRAFT VON EHRGEIZIGEN ZIELEN

Als von Matts Mutter zum ersten Mal in einem Münchner Biergarten saß, bestellte sie ein kleines Bier. Der Kellner antwortete barsch: „Kommen Sie doch wieder, wenn Sie Durst haben." Edith von Matt war schockiert. Aber oft muss ihr Sohn an dieses Erlebnis denken, wenn ein Auftraggeber brieft: Wir wollen unseren Marktanteil verteidigen.

„Kommen Sie doch wieder, wenn Sie ihn steigern wollen."

Natürlich ist Kommunikation auch geeignet, um Meinungen zu festigen. Aber in erster Linie ist sie ein Werkzeug, um Meinungen zu verändern und neue Sichtweisen zu formen.

Denn erst dann, wenn sie etwas bewegen darf, zeigt sie ihr ganzes Talent. Insofern ist eine typische Voraussetzung für großartige Kommunikation, dass eine Marke nach den Sternen greift und ein Ziel erreichen will. Je ehrgeiziger, desto besser.

„Wer nach den Sternen greift, wird vielleicht keinen herunterholen, aber er wird letztlich auch keine Hand voll Dreck erzielen", meint dazu der amerikanische Agenturgründer Leo Burnett. Alle Erfolgsbeispiele aus den ersten Jahren unserer Agentur basieren auf ehrgeizigen Zielen. Der Fall Sixt. Der Fall Bild. Der Fall Audi.

In all diesen Fällen stand Bewegung und Veränderung an. Und eine unruhige Mannschaft auf Auftraggeberseite, die Sorge dafür trug, dass das zu bewerbende Produkt der Kommunikation stolz vorausging. Oder zumindest Schritt halten konnte.

Für keinen Markterfolg wurden wir mehr gelobt als für den Audi-Durchbruch von der techniklastigen, unemotionalen Männermarke zum Lieblingsauto einer trendbewussten Generation. Aber welch unwesentlichen Anteil hatten wir daran? Wir haben nur ein paar TV-Spots gemacht.

Das wirkliche Geheimnis des Erfolgs hatte ganz andere Wurzeln: Audi hatte eine konzertierte Offensive gestartet. Es war das harmonische Ineinanderwirken einer neuen Produktgeneration, angeführt vom neuen A4, einer neuen Showroom-Welt. Die klassische Werbung war nur das Sahnehäubchen. Nicht mehr. Auch nicht weniger.

Immer wieder wurden wir gefragt, warum wir Audi aufgegeben und uns für BMW entschieden haben. Audi war sicher die dankbarere Aufgabe, denn hier galt es, einiges zu verändern. Bei Audi konnten wir Boden gutmachen, während BMW schon seit vielen Jahren die beliebteste Autofahrermarke war und ist.

Den Ausschlag gab letztendlich unsere Überzeugung: Wenn Jung von Matt ein Auto wäre, wäre es ein BMW: innovatives Herz, ein Schuss Besessenheit, Detailliebe, Perfektionismus, Dynamik. Diese besondere Affinität zum Produkt, zum Unternehmen und zur Mannschaft faszinierte uns. Genauso wie das weltweite Momentum der Marke.

Eine wichtige Voraussetzung für hohes Momentum ist die Vertaktung: Alles muss ineinander greifen. Offensive Kommunikation muss von einer Produkt-Offensive, einer Service-Offensive, einer Vertriebs-Offensive begleitet werden, sonst bleibt sie wirkungslos. Das Momentum kann nur auf ein neues Niveau gehoben werden, wenn der Impuls hierzu von allen Beteiligten ausgeht.

## OFT WIRD VERSUCHT, DIE WELT MIT KOMMUNIKATION ALLEIN ZU VERÄNDERN.

Ein sicherer Rohrkrepierer. Enttäuschung beim Auftraggeber. Verbranntes Zelluloid, verbranntes Papier, verbranntes Geld. Es ist, als würde ein Fußballtrainer seine Strategie nur einem einzigen Spieler erklären.

Audi hatte eine Vision und hat an allen Schrauben gleichzeitig und mit Kraft gedreht. So entstand ein hohes Momentum. Ein perfektes Beispiel einer integrierten Offensive, die weit über die reine Kommunikation hinausging. Die Audi-Leute hatten verstanden, was jeder erfolgreiche Bundesliga-Trainer weiß: dass man angreifen muss, um ein Spiel zu gewinnen. Die Viererr-Abwehr-Kette „Catenaccio“ ist in der Markenkommunikation zum Scheitern verurteilt.

Das Herz unserer Audi-Kampagne bestand aus fünf TV-Spots. Auch wenn keiner von ihnen das maximale Momentum des TV-Spots „Der Fan“ mit dem wackelnden Elvis von unserem Nachfolger Saatchi & Saatchi erzielte, waren sie allseits bekannt und beliebt: angefangen bei dem Spot für den A6 TDI, in dem ein Mann über die Frage „Wo ist der Tank?“ nachdenkt, bis zu dem für den A8 aus Aluminium, in dem der betagte Börsenguru André Kostolany mit „Finger weg von Stahl-Aktien!“ warnt.

Doch neben diesen fünf starken Spots hatten wir auch fünf ziemlich schwache produziert, an die sich glücklicherweise kein Mensch mehr erinnert. Ihr Geheimnis: Sie wurden nur kurz oder gar nicht gesendet. Die Marketingmannschaft von Audi, damals von Thomas Giuliani geführt, pflegte etwas, was man

BESTENFÖRDERUNG

nennen kann. Mit der Überzeugung ausgestattet, dass sich das wirkliche Momentum eines TV-Spots erst zeigt, wenn er fertig gedreht und geschnitten vorliegt, wurde über den Einsatz der Werbung erst am Schluss entschieden. Und im Sinne der Markenoffensive anstelle eines neuen, suboptimalen Spots lieber ein erwiesenes Highlight geschaltet.

Um wie viel schwerer ist es, Kommunikation für eine Marke zu machen, die einer Haltestrategie folgt! Für einen Auftraggeber, der sein Image konservieren möchte und in der Kommunikation entsprechend konservativ agiert! Aufgaben dieser Art nennen wir Denkmalpflege. Klar, dass sich eine ehrgeizige Werbeagentur stärker herausgefordert fühlt, wenn sie ein neues Denkmal schaffen kann.

Das Lieblingswort der Auftraggeber, die eine Defensivstrategie als richtig erachten, lautet: Souveränität. „Wir müssen souverän kommunizieren." Alles, was einen Funken Angriffslust enthält, ist verpönt. Bloß keinem wehtun. Jeder Kommunikationsansatz, der nach vorne gerichtet ist, wird mit einem „Das haben wir nicht nötig" abgetan.

Souveränität ist aber nicht nur keine Herausforderung für Kreative. Souveränität ist immer öfter eine echte Gefahr: der Hochmut der Kommunikation, der vor dem Fall kommt. Wer heute schweigt, stirbt. Es gibt keine Marktführer mehr, die ruhig und souverän ihren Vorsprung verteidigen können. Auch in der Kommunikation gilt: Angriff ist die beste Verteidigung. Souveränität kann schnell zum schleichenden Gift werden.

Als Sixt die Nummer eins in Deutschland wurde, stellte sich die Frage einer Strategieänderung. Nach jahrelanger, schwungvoller Angriffsstrategie überlegten wir uns, ob jetzt eine souveräne Nummer-eins-Kampagne richtig wäre. So nach dem Motto: Man wird nicht ohne Grund Deutschlands beliebtester Autovermieter. Doch der Instinkt von Herrn Sixt sagte: Nein, die Marke Sixt würde ihren angriffslustigen Charakter und Charme verlieren. Und damit genau das, was der Geschäftsreisende an der Marke schätzt. So blieb Sixt in der Kommunikation der Angreifer, obwohl es streng genommen gar nichts mehr anzugreifen gab. Und gab diese charismatische Rolle nicht für einen anderen Marktteilnehmer frei.

Natürlich gehört auch Verteidigungsarbeit zum erfolgreichen Geschäft. Ein Unternehmen, das nur in der Offensive stark ist, wird auf lange Sicht Niederlagen erleiden, genauso wie die Mönchengladbacher „Fohlenelf" der 70er Jahre mit ihrem bedin-

M-XD 9459

**AUDI „WO IST DER TANK?“, TV-SPOT 1995:**

EINER DER MEISTZITIERTEN SPOTS DER AUDI-KAMPAGNE. EIN LÖWENGEWINNER IN CANNES. UND DER ERSTE SPOT DER AGENTUR, DER IN 16 LÄNDERN LIEF. DOCH BEVOR ER PRODUZIERT WURDE, MUSSTE ER EINIGE BEDENKEN ÜBERSTEHEN: DARF WERBUNG EINEN MANN, DER AUDI FÄHRT, DUMM DASTEHEN LASSEN? UND WENN JA: DARF SIE EINE FRAU NOCH DÜMMER DASTEHEN LASSEN?

REGIE: TARSEM
FILMPRODUKTION: SPOTS FILMS

gungslosen Angriffsfußball. Wer nur Interesse generiert und Kunden erobert, wird seinen Erfolg nicht stabilisieren können. Doch Werbung ist, auch wenn sie fälschlicherweise immer wieder mit dieser Aufgabe belastet wird, kein Kunden-Bindungs-Instrument, sondern ein Kunden-Bildungs-Instrument.

Die Faktoren, die wirkungsvoll einen Kundenstamm und Marktanteile verteidigen, heißen in erster Linie Produkt und Service.

Von den Kommunikationsdisziplinen ist es vor allem die Direktwerbung, die einen wichtigen Beitrag zur Defensive – sprich zur Kundenbindung – leisten kann. Auch das Internet bildet zumindest nicht die Vorhut des Angriffs, sondern allenfalls die zweite Linie. Ganz vorne an der Eroberungsfront steht ganz alleine die klassische Werbung.

Insofern ist der immer wieder erlebte Briefing-Passus „Neukunden gewinnen, ohne Stammverwender zu verprellen" wenig sinnvoll. Es ist fast unmöglich, überzeugte Stammverwender mit Werbung zu verprellen. Das kann sehr wohl ein schlechtes Produkt. Oder ein nachlässiger Service. Oder eben der Totalausfall von sinnvollen Kundenbindungsmaßnahmen.

Der erwähnte Briefing-Passus ist aber nicht nur unnütz, sondern in vielen Fällen auch hauptschuldig an schlechter Werbung. Auch hier bietet sich ein Bild aus dem Fußball an: Wer seinen genialen Torschützen mit Deckungsaufgaben betraut, kriegt nicht nur schwache Deckungsarbeit, sondern schwächt vor allem auch sein größtes Talent: das Toreschießen. Genauso schwächt man das größte Talent von Werbung, wenn man auch

Kundenbindung als ihr Ziel definiert und ihre Akzeptanz bei den bestehenden Kunden zum Maßstab macht. Eine klassische Loose-Loose-Situation.

Seit wir für die Bahn werben, leiden wir selbst unter den häufigen Attacken, denen die Bahn ausgesetzt ist. Offensichtlich wird die Bahn schon vor dem geplanten Börsengang als eine Art Volkseigentum gesehen, an dem jeder rumkritisieren darf.

Ein Beispiel ist die Pünktlichkeitsfrage: Seit vielen Jahren ist die Bahn das mit Abstand pünktlichste Verkehrssystem. In den meisten Fällen können Sie Ihre Uhr nach ihren Ankunftszeiten stellen, was beim Flugzeug und beim Auto undenkbar wäre. Das Problem ist nur: Keiner will es glauben.

Eine klitzekleine Verspätung der Bahn löst bereits mittlere Empörung aus. Während man dem Flugzeug eine halbstündige Verspätung großzügig verzeiht. Der Luftraum war schuld. Oder die notwendigen Sicherheitskontrollen. Auch dem Auto wird praktisch alles verziehen, dem eigenen sowieso: „Was kann mein Auto für einen Stau! Daran sind doch die anderen Autos schuld."

Wir schlugen vor, diese falsche Sichtweise mit einem TV-Spot geradezurücken. Kompliment an das neue Kommunikationsmanagement der Bahn, das den Mut zu dieser ungewöhnlichen Offensive aufbrachte. Der Spot zeigt eine 3-Minuten-Verspätung der Bahn, die einen kleinen Volksaufstand auslöst. Die Quintessenz: „Mit den Besten ist man am strengsten. Auch 2001 war die Bahn Deutschlands pünktlichstes Verkehrssystem."

Leider lief der Spot zu einem Zeitpunkt, in dem es durch viele Baustellen tatsächlich zu mehr Verzögerungen als üblich kam. Das führte dazu, dass der Spot zwar mit Abstand die besten Aufmerksamkeitswerte aller Bahn-Spots erzielte, aber nicht nur ein positives Momentum entwickelte. Die vielen, die kein aktuelles Negativerlebnis mit der Bahn-Pünktlichkeit hatten, waren begeistert. Doch die anderen, die gerade das Pech einer Verzögerung hatten, waren empört. Hier verstärkte der TV-Spot das negative Bild.

Schon als junger Texter liebte von Matt ehrgeizige Kommunikationsziele. Ende der 70er Jahre war Volvo sein Kunde, und schon bald kam es zur einzigen großen Werbesünde in seiner Karriere.

Er präsentierte eine Funkkampagne, die wie folgt funktionieren sollte: „Wir sammeln in Interviews das vorhandene positive Image von Volvo ein, verdichten es auf Statements, die das Profil der Marke schärfen, und posaunen das in den Markt." Der Kunde war begeistert. Hohes Momentum in Sicht.

Nun ging es darum, die entsprechenden Statements zu bekommen. Mit einem Tonmeister fuhr von Matt zur Raststätte Irschenberg in Bayern, wo viel Urlaubsverkehr war, sodass genügend verschiedene Dialekte in der Kampagne vorkamen. Immer wieder stellte er Autofahrern die Frage: „Was verbinden Sie mit der Marke Volvo?" Doch die Antworten waren enttäuschend: Schwedenpanzer, klobig, schlechtes Design. Es kam praktisch nichts, was man für die ehrgeizigen Funkspots verwerten konnte.

In dieser Notlage griff von Matt zu einer List. Die Frage, die er nun stellte, lautete: „Was verbinden Sie mit der Marke Mercedes?" Und schon kamen genau die Antworten, die er brauchen konnte: Qualität, Langlebigkeit, Sicherheit etc. Hervorragende Volvo-Spots gingen on air. Bis heute hat niemand von diesem Betrug erfahren. Glücklicherweise war es aber auch

## DIE EINZIGE LÜGE,
DIE VON MATT IN FAST DREISSIG JAHREN WERBUNG VERANTWORTEN MUSS.

Zehn Jahre später bekam von Matt bei Springer & Jacoby die Gelegenheit, echte Mercedes-Werbung zu machen. Das erste Zusammentreffen mit den Markenverantwortlichen ließ wenig Angriffslust vermuten. Beim Briefing sagte einer der Vorstände: „Und denken Sie immer dran, der Mercedes-Stern ist aus Gold, wir haben ihn nur verchromt."

Dennoch entstand unter dem Motto „Fighter in Flanell" eine Kampagne, die mit ihrer hellgrauen Grundfarbe zwar dezent auftrat, aber inhaltlich Biss zeigte. Ein Kommunikationskonzept, das über ein Jahrzehnt lang nichts von seinem Vorwärtsdrang eingebüßt hat und die Marke in eine neue Ära geführt hat.

Der erste TV-Spot, der für Mercedes gedreht wurde, basierte wie viele Spots auf einem persönlichen Erlebnis. Von Matt war kurze Zeit davor nach Jerez geflogen, um vor den Brandy-Herstellern eine neue Werbung zu präsentieren. Die Reise war lang und beschwerlich. Der Flug war eine Katastrophe. Und auch am Zielflughafen klappte nichts. Doch der angebotene Mietwagen war

JUNG v. MATT/Donau

**BANK AUSTRIA/CREDITANSTALT „DAS LETZTE HEMD“, TV-SPOT, 2002:**

WENN DER GRÖSSTE WERBUNGTREIBENDE EINES LANDES ZU DEN MUTIGSTEN GEHÖRT, IST DAS ALLEMAL UNGEWÖHNLICH. UNSERE ERSTE TV-KAMPAGNE FÜR ÖSTERREICHS FÜHRENDEN FINANZDIENSTLEISTER HATTE WENIG MIT TYPISCH BIEDERER BANKENWERBUNG GEMEINSAM: SIE ZEIGT DIE LEIDEN EINES MANNES, DER SICH BEIM HAUSKAUF ÜBERNOMMEN HAT.

REGIE: SEAMUS MASTERSON
FILMPRODUKTION: MARKENFILM

eine Entschädigung für alles: ein nagelneuer Mercedes 190 E. Von Matt setzte sich rein, schloss die Türe und dachte bei sich: Willkommen zu Hause! Und schrieb hinterher genau diese Geschichte auf.

Der TV-Spot erzielte ein hohes Momentum, wurde aber in Cannes wegen Chauvinismus ausgebuht. Manchmal sind Schweizer eben die schlimmeren Deutschen. Dennoch war dieser Spot der Start für eine großartige, langfristige Kampagne von Springer & Jacoby, auf den noch unzählige echte Highlights folgten. Weil Mercedes sich nicht auf einen vermeintlichen Besitzstand der Marke zurückzog, sondern mit beiden Beinen auf dem Boden nach den Sternen griff.

Auch der Durchbruch der Marke BMW in den 70er Jahren zum erfolgreichen Premiumanbieter hat viel mit Angriffslust zu tun. Die Modellpolitik, die Kommunikation, alles war auf Angriff programmiert. Und eine aufstiegsorientierte Klientel dankte es mit Begeisterung.

Wer weiß, ob BMW damals schon so viel Produktsubstanz hatte wie heute? Vielleicht nicht, denn auf einer Hauptversammlung gab es den unvergesslichen Zwischenrufer: „Wann sind Ihre Produkte so gut wie Ihre Werbung?" Aber der unaufhaltsame Aufstieg der Marke begann mit Freude an Kommunikation, Freude an der Eroberung neuer Marktsegmente und natürlich Freude am eigenen Erfolg.

Eine nie erschienene Anzeige, die damals entstand, war ein subtiler Angriff auf den Mercedes-Stern, mit dem die damalige Agentur die überlegene Triebwerkskompetenz von BMW ins Spiel bringen wollte. Die Schlagzeile lautete:

„BEI UNS IST DAS STATUSSYMBOL UNTER DER HAUBE."

Diese eigene Art offensiver, angriffslustiger Werbung pflegen die Amerikaner seit Jahrzehnten mit ihrer vergleichenden Werbung. Da scheut man sich beispielsweise nicht, einen Panzer über ein europäisches Auto fahren zu lassen, um zu beweisen, dass das beworbene amerikanische Gegenstück stabiler ist.

Seit einigen Jahren ist auch in Deutschland vergleichende Werbung erlaubt – eingeschränkt und unter bestimmten Bedingungen, aber immerhin. Für angriffslustige Werbung haben sich neue Möglichkeiten aufgetan. Endlich kann man im Wettbewerb Grenzen aufzeigen. Und der Verbraucher könnte der große Gewinner sein, weil Leistungsvergleiche die Transparenz erhöhen. Doch zum großen Gewinner wurden zunächst die Anwälte.

Denn in der Praxis tut sich kompetitive Werbung schwer. Voraussetzung ist ein Vergleich, der sich streng an nachvollziehbaren Fakten orientiert. Alles, was den Wettbewerber dabei herabsetzt, ist nach wie vor verboten. Es ist wie bei einer Karatemeisterschaft: Alle Schläge dürfen nur angedeutet sein, wer trifft, wird sofort disqualifiziert. Und wer richtig trifft, muss sogar mit einer Schadensersatzklage rechnen.

Im Übrigen erzielt vergleichende Werbung keineswegs automatisch ein hohes Momentum. Weder unter den Gesichtspunk-

mey
fine bodywear
ViELe MäNNeR veRhütEN, oHNe eS zu woLLeN.
Nicht nur beim Flirten gilt. Alte Maschen ziehen heute nicht mehr.
Deshalb nehmen wir für unsere Slips nur hochwertige, moderne Stoffe
und uns für die Verarbeitung mehr Zeit. Das Ergebnis: schöne, gut
sitzende Slips, die beim zarten Geschlecht garantiert ankommen.

**MEY FINE BODYWEAR „VERHÜTUNG", PRINT 2000:**

ES GIBT KEINEN ANDEREN WÄSCHEHERSTELLER, DER MEHR QUALITÄT UND DETAILLIEBE IN SEINE PRODUKTE STECKT, ALS MEY. DIES MÖGLICHST INTERESSANT UND ABWECHSLUNGSREICH DARZUSTELLEN IST DIE AUFGABE DER PRINTKAMPAGNE, DIE SEIT 1995 LÄUFT UND SEITDEM SCHON MEHR ALS 50 MOTIVE HERVORGEBRACHT HAT.

FOTOGRAF: UWE DÜTTMANN

ten Ethik und Geschmack noch unter dem der Effizienz. Mit Marktschreierei auf Kosten der Wettbewerber bindet man niemanden an seine Marke. Genauso wie der Verbraucher durch fairen Wettkampf angezogen wird, irritieren ihn unsachliche Schlammschlachten.

## KEINE FRAU LÄSST SICH EROBERN, INDEM MAN IHREN EX-PARTNER SCHLECHT MACHT.

Im Gegenteil: Miesmachen macht unsympathisch.

Eindringliche Überzeugungskraft entspringt dem eigenen Leistungsvermögen. Quervergleiche, die die eigene Leistung betonen, müssen also charmant und mit einem Augenzwinkern daherkommen. Sie müssen – und in diesem Zusammenhang ist der Begriff angebracht – souverän sein.

Das werbehistorische Paradebeispiel für erfolgreiche Angriffslust ist der Avis-Fall aus den 60er Jahren. Die damals richtungweisende Agentur DDB hatte den relativ unbedeutenden Autovermieter nur unter der Bedingung als Kunden aufgenommen, dass sie kreativ freie Hand bekam. Der Avis-Chef Robert Townsend ging den ungewöhnlichen Handel ein.

Es entstand die legendäre Kampagne: „We are only No. 2. But we try harder." Sie ist noch heute ein Lehrstück für Werbetext. Mit jedem Anzeigenmotiv forderte Avis den Marktführer Hertz heraus und stellte ihn als zwar groß und kompetent, aber eben satt und verwöhnt dar. Und Avis als den hungrigen Aufsteiger dagegen.

Hertz nahm den Fehdehandschuh auf und konterte kongenial. Es entstand ein Duell, bei dem es letztlich drei Sieger gab: Hertz, die ihre Marktführerschaft ausbauen konnten. Avis, die zu Beginn der Kampagne weit davon entfernt waren, Nummer zwei zu sein, es am Ende aber wurden. Und drittens Amerikas Geschäftsreisende, die das Werbeduell gespannt verfolgten und sich auf die Seite von Avis oder Hertz schlugen, als ginge es um eine Religion.

Natürlich gab es auch Verlierer: nämlich alle Autovermieter, die an dem Duell unbeteiligt und damit unbeachtet blieben.

Wenn ein Auftraggeber sich traut und seine Marktstellung einen solchen Weg als sinnvoll erscheinen lässt, kann kompetitive Werbung viel bewegen und das Engagement aller Beteiligten fördern. Denn sie ist Wettbewerb pur und bietet ein konturiertes Feindbild: „Das ist unser Gegner, den es zu schlagen gilt. Wir müssen besser, schneller und vor allem anders sein als er."

1994 beschloss ein Wäschehersteller auf der Schwäbischen Alb, sich nicht länger von den globalen Designerlabels die Butter vom Brot nehmen zu lassen, und startete einen Gegenangriff. Es entstand eine Kampagne, die eigentlich eine Nummer zu groß war, aber die Marke „Mey fine Bodywear" um etliche Nummern größer machte.

Dabei ist das Unternehmen der Familie Mey zumindest von Hamburg aus gesehen geradezu schwäbisch sparsam. Als zum Beispiel der schönste Mann der Welt, Marcus Schenkenberg, die drei zu Fotoaufnahmen getragenen Mey-Slips behalten wollte, war die Antwort: „Gerne! Wohin dürfen wir die Rechnung schicken?"

Mit Großzügigkeit beeindruckt das Unternehmen nur dort, wo sie für die Marke sichtbar wird. Beim Einkauf der kostbaren Pima-Baumwolle im Gebiet der Stadt Piura im Norden Perus. In der Verarbeitung und der Qualitätskontrolle. Aber auch beim Anzeigenformat. Nie wurde am Sinn der für eine Wäschemarke unüblichen Doppelseiten gezweifelt.

Eine besondere Form der Großzügigkeit von Mey ist, wie die Werbeagentur zusätzlich motiviert wird: Über jede Werbeidee wird demokratisch entschieden, wobei die anwesenden Agenturleute gleichberechtigt mitstimmen dürfen. Wagen wir die These:

WENN ALLE UNTERNEHMEN
EIN BISSCHEN WIE MEY WÄREN,
GÄBE ES KEINE WIRTSCHAFTSKRISEN MEHR.

Seit wir es betreuen, hat das Unternehmen nur ein einziges Mal am falschen Ende gespart. Als eine Kundin sich per E-Mail über den Wechsel von „Mey feine Wäsche" zu „Mey fine Bodywear" beschwerte, bekam sie postwendend eine Antwort per E-Mail. Wortlaut: „Dann kauf Dir doch Deine Schlüpfer woanders, Du alte Schlampe!"

Getreu dem Firmenstandpunkt, nur dort zu investieren, wo es die Marke nach vorne bringt, hatte man auf ein aufwändiges Firewall-System verzichtet, sodass sich ein gemeiner Hacker unbemerkt in das elektronische Netzwerk schleichen konnte.

Angriffslust mal andersherum bewies ein weiterer Auftraggeber von uns mit einer spektakulären Aktion. Die Verlagsgruppe Milchstrasse ist Trikotsponsor des Hamburger Sport-Vereins und musste als solcher machtlos mit ansehen, wie eine völlig verkorkste Saison zu Ende ging. Mit dem TV-Spielfilm-Logo auf der Brust.

Der Leidensdruck war erheblich, und der Verleger hatte vor, das Honorar der HSVler zu reduzieren. Doch sein Geschäftsführer Martin Fischer hatte eine bessere Idee. Er schlug ihm vor: „Lass uns dem Verein für die letzten Spieltage verbieten, unser Logo zu tragen." Ein Anruf, und die Mannschaft musste mit werbefreier Brust in das nächste Spiel, also praktisch nackt.

Es war die beste Werbeidee für TV Spielfilm der letzten zehn Jahre, und sie kam nicht von uns. Die Tagesschau berichtete. Alle Zeitungen berichteten. Noch nie ist Trikotwerbung so auffällig gewesen. Der HSV verlor auch die letzten Saisonspiele. Und der Sieger hieß: TV Spielfilm.

# 3. KAPITEL

# WER ETWAS WICHTIGES ZU SAGEN HAT, MACHT KEINE LANGEN SÄTZE

## ÜBER KONZENTRATION UND REDUKTION

Als Jung vor vielen Jahren ein Konzert der Roxy Music besuchte, staunte er nicht schlecht. Einerseits war alles versammelt, was in der Stadt zum Trendvolk gezählt werden konnte. Natürlich entsprechend gestylt, denn die Band um Brian Ferry war auch ein Modeereignis.

Doch das war nicht alles, was ihn staunen ließ. Mitten im Pulk der größten Fans stand ein Mädchen, das alles dransetzte, die Aufmerksamkeit des charismatischen Sängers zu gewinnen. Zum einen zeigte sie sehr viel von sich selbst. Aber das taten andere neben ihr auch. Deshalb hatte sie sich noch etwas Zusätzliches ausgedacht, das ein hohes Momentum bringen sollte: ein Pappschild mit fünf Buchstaben drauf.

Man kennt diese Versuche, Leidenschaft auszudrücken. In der Regel steht da "I love you!" Oder der Name des Angebeteten, damit der erkennt, dass nicht der fetthaarige Schlagzeuger dahinter gemeint ist. Doch angesichts des starken Wettbewerbs muss sich das Mädchen gesagt haben: Ich habe nur eine Wahl – provozieren oder verlieren.

Auf ihrem Schild stand:

# "I'M WET".

Und möglicherweise erinnert sich Brian Ferry noch heute an ihre Worte, die weniger für einen physiologischen Zustand stehen als für eine Attitüde. Und natürlich für besonders angriffslustige Originalität.

Das ist das, wofür wir Kommunikationsfachleute unser Geld bekommen: plakative Extrakte, die nicht nur eine Tatsache abbilden, sondern einen Prozess auslösen. Und damit Momentum entfachen. Wörter, Sätze, Zitate, hinter denen sich eine Welt auftut. Botschaften, die nicht oben im Kopf hängen bleiben, sondern bis in den Bauch hinabdringen.

Das menschliche Gedächtnis kann man als eine Art Datenverarbeitungsmaschine sehen, mit deren Hilfe wir Informationen – zum Beispiel Geschichten – aufbewahren und bei Bedarf auch wieder abrufen können. Der Vergleich mit einem Computer liegt nahe und wird auch immer wieder gerne genutzt. Er beschreibt einige bedeutende Eigenschaften des Gedächtnisses – aber sich erinnern ist mehr als nur Informationen abrufen.

Zur Erinnerung gehört auch die Überzeugung, dass bestimmte Geschichten oder Episoden, an die wir uns erinnern, etwas mit uns zu tun haben – mit anderen Geschehnissen, Erlebnissen oder Wünschen in Verbindung stehen. Unser Alltag wird aber auch von Handlungen geprägt, die wir ausführen können, ohne uns an die spezifischen Umstände des Erlernens erinnern zu müssen. Zum Beispiel, wenn wir unsere Sprache verwenden, einen routinierten Arbeitsablauf ausführen oder Ski fahren. Wir können all dies tun, aber jedes Mal fehlt das subjektive Erlebnis des Sich erinnerns.

Kognitionswissenschaftler unterscheiden das semantische Gedächtnis, das begriffliches und faktisches Wissen aufbewahrt, und das prozedurale Gedächtnis, mit dessen Hilfe wir Fertigkeiten erlernen und Gewohnheiten erwerben. Es ist wichtig, sich diese Unterscheidung zu vergegenwärtigen, denn wir können uns nur an etwas erinnern, wenn die abzurufenden Informationen in Zusammenhang mit einer bestimmten Zeit und einem bestimmten Ort gebracht werden.

Irgendwann haben wir uns

DIE THEORIE DES TREPPCHENS

ausgedacht: Sie bezeichnet eine Tendenz, die man auch in der Marktforschung oft wiederfindet. Nämlich dass man sich nur an die drei besten TV-Spots eines Werbeblocks, nur an die drei besten Anzeigen einer Zeitschrift und nur an die drei besten Plakate einer Autofahrt erinnert. Genauso wie bei Olympischen Spielen nur die drei, die auf das Treppchen kommen, im Gedächtnis bleiben. Schon die Nummer vier gehört zum tragischen Club der Vergessenen. Ferner liefen ...

Ein düsteres Beispiel für diese Theorie lieferte der 11. September 2001. Hätte man Ihnen vor diesem Tag von dem Wahnsinnsplan erzählt, ein Passagierflugzeug auf das Pentagon stürzen zu lassen, wären Sie sicher gewesen, dass dies die große Titelstory der Weltpresse würde.

So kam es aber nicht: Kaum jemand sprach von diesem vernichtenden Terrorakt, kein Bild davon schaffte es auf eine

**Wer etwas Wichtiges zu sagen hat, macht keine langen Sätze.**

**BILD-ZEITUNG „GROUND ZERO", PRINT 2001:**

WIE KANN MAN ETWAS, DAS MAN DER BILD-ZEITUNG GEMEINHIN ALS NACHTEIL AUSLEGT, IN EINEN VORTEIL UMWANDELN? DAS WAR DER GRUNDGEDANKE EINER KAMPAGNE, DIE DIE EINZIGARTIGE KÜRZE UND WÜRZE DIESER ZEITUNG AUSLOBT. VÖLLIG ZU RECHT SIND DIE BILD-MACHER STOLZ DARAUF, DASS SIE EINE MELDUNG, DIE IN DER F.A.Z. 300 ZEICHEN EINNIMMT, IN 70 ZEICHEN DARSTELLEN KÖNNEN.

BILDAGENTUR: ACTIONPRESS

Titelseite. Ganz einfach, weil am selben Tag mit den Angriffen auf das World Trade Center und dem Absturz in Pittsburgh drei noch dramatischere Ereignisse der gleichen Art stattfanden.

Zurück zur heilen Welt der Werbung: Wir müssen unser ganzes Talent darauf konzentrieren, zu den drei faszinierendsten, markantesten, originellsten, provokantesten, attraktivsten Werbeideen des unmittelbaren Umfelds zu gehören.

Doch unsere Pflicht zur Konzentration geht noch weiter: Auch als Erster, Zweiter oder Dritter haben wir nur das Ticket für etwas Aufmerksamkeit, das aber schnell seine Gültigkeit verliert. Wir sind noch nicht beim Verbraucher gelandet, sondern haben gerade erst die Einflugschneise gefunden. Um wirklich zu landen, muss sich unsere Botschaft auf das Wesentliche konzentrieren.

Mancher Werbungtreibende denkt, der Verbraucher sitzt vor dem Fernseher, als wäre er ein Kandidat der alten Rudi-Carell-Show „Am laufenden Band": voller Ehrgeiz, in 30 Sek. möglichst viele Dinge im Kopf zu behalten. Ein teurer Irrtum.

Der Verbraucher sitzt ganz anders da: Gelangweilt – schließlich gibt es nichts zu gewinnen. Etwas genervt – sein Programm wurde gerade unterbrochen. Distanziert – wie jeder Mensch, dem jemand versucht, etwas nahe zu bringen, nach dem er gar nicht verlangt hat.

GNÄDIG ERLAUBT UNS DER VERBRAUCHER, EINE BOTSCHAFT LOSZUWERDEN.

Aber bitte nur eine. Und natürlich nur, wenn wir sie sehr, sehr charmant vortragen. Wie bereits erwähnt: Die Maxime „Verlange viel, dann bekommst du viel" versagt in der Kommunikation. Momentum ist dem Bescheidenen vorbehalten.

Es gibt das legendäre Bild mit den Tennisbällen: Wenn man dir einen Tennisball zuwirft, wirst du ihn fangen. Wenn man dir fünf zuwirft, wirst du keinen fangen. Wir haben ein eigenes Bild entwickelt, das mit Kommunikation zu tun hat und einem im Berufsalltag öfter begegnet als die Geschichte mit den Tennisbällen.

Sie sitzen in einem Konferenzzimmer, und ein Mann kommt rein: „Mein Name ist Westermann." Die Chance ist groß, dass Sie sich den Namen merken. Und wenn sich der Mann in dem Gespräch als für Sie wichtig erweist, werden Sie seinen Namen auch behalten. Sie sitzen in einem Konferenzzimmer und eine Gruppe von Leuten kommt rein: „Westermann, Göbel, Bück, Reimer, Wilbert, Steuble, Meier." Sie werden sich gar keinen merken, auch nicht den von Herrn Westermann.

Weil es so viele sind, werden Sie erst gar nicht den Versuch unternehmen, sich einen der Namen zu merken. Und wenn sich im Gespräch eine Person als besonders wichtig erweist, ist es längst zu spät. Sie haben sich ja ihren Namen am Anfang gar nicht gemerkt.

Aus diesem Grund wurden Visitenkarten erfunden. Und aus diesem Grund setzt der erfolgreiche Werber auch nur auf eine Botschaft pro Werbemittel. Denn genau das Gleiche passiert mit

Marketingkommunikation: Wer sich auf eine neue Botschaft beschränkt, hat gute Chancen, erinnert zu werden.

WER DEN VERBRAUCHER MIT EINEM BÜNDEL AN BOTSCHAFTEN ÜBERFÄLLT, WIRD NUR DAS BÜNDEL, ABER KEINE BOTSCHAFT INS ZIEL BRINGEN.

Vergleichen Sie einmal das Momentum von: Er hat mir eine Rose gebracht. Und: Er hat mir einen Frühlingsstrauß gebracht. Und vergleichen Sie das Kosten-Nutzen-Verhältnis! Eine Blume kann mehr Kraft haben als ein Strauß. Auch wenn der Strauß imposanter ist.

Werbung hat nur dann Momentum, wenn ihre Botschaft vom Verbraucher gelernt und in nachhaltige Erinnerung umgewandelt wird. Wie kann dies geschehen? Psychologen haben hierauf eine leicht nachvollziehbare Antwort: Wir können Informationen dann am leichtesten lernen und anschließend erinnern, wenn sie in den Zusammenhang einer Geschichte eingebettet sind und durch Bilder visualisiert werden. Diese wecken dann bestimmte, uns aus anderen Zusammenhängen bekannte Emotionen. Psychologen nennen diesen Prozess Kodierung.

Bilder sollten durch eine chronologisch ablaufende Geschichte, die unseren Denkstrukturen entspricht, miteinander verbunden werden. Geschichten übernehmen für uns somit die Kodierungsarbeit. Mit ihrer Hilfe fällt es uns anschließend leichter, uns an Informationen zu erinnern.

Dieser Technik bedienen sich übrigens auch die Gedächtniskünstler, die in der Lage sind, schier unglaublich lange Zahlenreihen innerhalb kurzer Zeit auswendig zu lernen. Ihr Trick: Jede Zahl wird mit dem Ereignis einer Geschichte verknüpft.

Es besteht kaum ein Unterschied zwischen erlebten und erzählten Geschichten, da auch erzählte Geschichten miterlebt werden und untrennbar mit erlebten Geschichten in Zusammenhang stehen. Sonst würden wir sie auch nicht verstehen.

In einer Zeit, in der ganz unterschiedliche Lebensstile nebeneinander existieren, muss man beim Erzählen von Geschichten der Geteiltheit von Erfahrungen Rechnung tragen. „Große" Geschichten, die bislang die Identität, Kultur oder Tradition einer Gesellschaft bildeten, werden abgelöst durch kleinere Erzählungen, wie sie die Werbung anbietet.

Sie knüpfen an solche Geschichten an, die wir schon woanders – möglicherweise in einem ganz anderen Zusammenhang – gehört oder erlebt haben. Das ist aber in der Werbung nicht ganz so einfach; mindestens in dreifacher Hinsicht: Erstens müssen hier die Geschichten mit der Kommunikationsbotschaft so verknüpft werden, dass sie nachvollziehbar und verständlich sind. Zweitens müssen die Geschichten auch ihre kommunikationspolitische Funktion erfüllen – und drittens: es steht nur eine begrenzte Zeit bzw. ein begrenzter Platz zum Geschichtenerzählen zur Verfügung (zum Beispiel die 20 Sekunden eines durchschnittlichen TV-Spots oder die 40 Quadratzentimeter einer durchschnittlichen Anzeige).

Glücklicherweise kommt uns hier aber die Überschrift zur Hilfe. Eine Geschichte firmiert in unseren Köpfen immer unter einer

Auch ein Mercedes kann Fahrfreude bringen.
Der BMW 5er ist laut auto motor und sport Leserwahl das beste Auto des Jahres 2002 in der oberen Mittelklasse.
BMW 5er
www.bmw.de
0180 2000 220
Freude am Fahren

**BMW „TRANSPORTER“, PRINT 2002:**

NACHDEM MERCEDES BMW IN DER WERBUNG MEHRFACH GROB ATTACKIERT HATTE, WURDE ES ZEIT, DASS DAS FAHRFREUDE-IMPERIUM ZURÜCKSCHLÄGT. ABER EBEN ELEGANTER! KOMPETITIVE WERBUNG KANN EIN HOHES MOMENTUM AUSLÖSEN, WENN SIE NICHT PLATT DAHERKOMMT, SONDERN EINEN GLAUBWÜRDIGEN PRODUKTVORTEIL AUGENZWINKERND PRÄSENTIERT.

FOTOGRAF: UWE DÜTTMANN

Überschrift, einem Stichwort oder einem Namen. In der Werbung ist es ein ungesehenes Schlüsselbild oder eine überraschende Schlagzeile.

Urlaubserlebnisse verknüpfen wir mit dem Ort, an dem diese Erlebnisse stattgefunden haben. „Erinnerst du dich noch an das Essen am Strand von Legian?" Selbst mit Kindheitserlebnissen verhält es sich so. Als von Matt klein war, verabscheute er Blaukraut. Immer wieder stand es auf dem Tisch und immer wieder lehnte er es ab. Eines Tages griff seine Mutter zu einer List. Sie nahm den Topf Blaukraut und fragte:

## „MÖCHTE JEMAND NOCH ETWAS STARKWERDER?"

Von Matt stutzte. Seine Mutter ergänzte lapidar: „Man nennt Blaukraut auch Starkwerder, weil es so stark macht." Ab sofort wurde Blaukraut zur Leibspeise. Die kreative Idee, Blaukraut einfach Starkwerder zu nennen, brachte ein hohes Momentum. Die Einstellung zu Blaukraut war überlistet. Gut 40 Jahre später geben Japans Mütter ihren Kindern „Gokaku Soba": die Prüfungsbesteh-Nudeln.

Immerhin nennen über 60 % aller Werbungtreibenden Kreativität als Topkriterium bei der Auswahl einer Werbeagentur. Tendenz steigend. Kreativität ist zum Schlüsselreiz einer ganzen Branche avanciert. Es gibt Top-Kreative, Kreativ-Preise, kreative Milieus und kreative Szenen. Und es wird immer wieder der Mehrwert von kreativer Werbung beschworen und versucht, diesen empirisch nachzuweisen.

Die Faustregel ist auf den ersten Blick einfach: Je kreativer die Werbung, desto mehr Momentum entwickelt sie und desto immuner ist sie gegenüber der Informationsüberlastung und austauschbaren Produkten. Hier scheint große Einigkeit unter den Kommunikationsfachleuten zu bestehen. Es ist dieselbe Einigkeit, die unter den Ärzten darüber besteht, dass der Mensch gesünder leben soll. Aber was sind die konkreten Maßnahmen?

Was macht den Menschen gesünder? Aktivität oder Ruhe? Genuss oder Enthaltsamkeit? Pharmazie oder Homöopathie? Was genau macht Werbung effizienter? Welche Art von Kreativität führt zu zählbaren Treffern? Genauso vielfältig wie die Kreativitätserscheinungen ist wahrscheinlich auch die Vorstellung von Kreativität.

Doch genauso, wie ein Medikament erstens nicht alles kuriert und zweitens wohl dosiert eingesetzt werden muss, ist auch Kreativität mit Vorsicht zu genießen. Richtig eingesetzt kann sie Wunder vollbringen. Grundsätzlich gilt: Je höher der Wert einer Botschaft, je interessanter die vermittelten Fakten, desto niedriger kann man die Animation dieser Botschaft dosieren.

Natürlich lösen auch hochinteressante Fakten erst dann emotionale Wirkung aus, wenn sie entsprechend inszeniert werden. Ein gutes Beispiel ist das Klonschaf Dolly, ohne das Genmanipulation niemals so schnell zur Volksdebatte geworden wäre. Auch eine Werbebotschaft wirkt nachhaltiger, wenn sie durch ein anschauliches Beispiel emotionalisiert wird. Eine Anzeige, in der wir ein Fünfmarkstück hochkant auf einen BMW-Motor gelegt hatten, um die Laufruhe zu demonstrieren, wurde die meistgelesene Auto-Anzeige des Jahres im Spiegel.

Doch der Einsatz von Kreativität hat dort seine Grenzen, wo Momentum von der hindrehenden zur wegdrehenden Kraft degeneriert; wo sich der Schwung ins Gegenteil verkehrt.

Wir haben zum Beispiel fast ausschließlich schlechte Erfahrungen mit originellen Ideen bei Stellenanzeigen gemacht. Diese Form von Kommunikation funktioniert anders: Im Gegensatz zum herkömmlichen Anzeigenbetrachter, der gefangen werden will, braucht der Stellensuchende keinen zusätzlichen Anreiz, um sich mit dem Angebot auseinander zu setzen. Er bringt im Gegensatz zum herkömmlichen Betrachter von Werbung bereits hohes Interesse mit.

Jede Form von kreativer Überhöhung irritiert hier mehr, als dass sie hilft. Im Übrigen geht es bei der Stellensuche um das wichtigste Thema zwischen Leben und Tod: die Zukunft.

Ein anderes Beispiel: der Salesfolder. Er muss klar und knackig sein. Er muss Fakten unsentimental auf den Punkt bringen. Jede Ironie, jede Überhöhung, jede Abstraktion macht ihn schwächer. Deshalb sind wir davon überzeugt, dass der beste Salesfolder-Schreiber kein Texter ist, sondern ein Verkäufer.

Wir glauben auch nur an bestimmte Formen von Kreativität bei sozialen Anliegen. Mit drastischen Aussagen und Bildern kann man zwar einen Missstand nachhaltiger anprangern. Doch meistens sind sozialer Anspruch und werbliche Cleverness keine guten Partner. „Originell“ ist sicher nicht die richtige Tonalität für eine Marke oder Organisation, die sich sozial engagiert. Dem Gewieften oder sogar Gewitzten wird man kaum abnehmen, dass er hungernden Kindern helfen will.

Dass es so viele kreative Social Campaigns gibt, liegt indes auch nicht daran, dass Werber ein besonders gutes Herz haben. Sondern dass Werbeagenturen für ihre Kreativen verzweifelt nach Aufgaben suchen, wo ihnen keiner reinreden kann, weil sie es für Gotteslohn tun.

Eine kreative Idee hilft dort, wo Botschaften austauschbar sind bzw. kleine Unterschiede dramatisiert werden sollen, die, rational dargestellt, den Verbraucher langweilen würden. Oder die er verdrängt.

Wenn bis Mitte der 70er Jahre Unternehmensstrategien dominierten, die das Unternehmen und seine Produkte den aktuellen Markttrends anpassten, so betreiben Unternehmen seitdem zunehmend eine aktive, zielgerichtete Kommunikationspolitik, die versucht, die Wünsche dem Produkt anzupassen.

Schon allein deshalb, weil sich die Produktlebenszyklen in dem Maße rapide verkürzen, wie die Entwicklungskosten im Gegenzug steigen. Hinzu kommen vielfältige Wandlungserscheinungen in der modernen Gesellschaft. Verschiedenartige Lebensentwürfe und Orientierungsmuster können scheinbar problemlos nebeneinander existieren. Insofern sind Unternehmen erfolgreich, die ihre Produkte jenseits des reinen Funktionsnutzens mit emotionalen Erlebnisqualitäten aufladen.

Produkte symbolisieren Lebensentwürfe und bieten Orientierungsmuster. Die Kommunikation einer solchen flankierenden Zusatzinformation kann aber nur in Geschichten eingebettet erfolgen. Vielleicht beschreibt dies auch der Begriff Kreativität.

Als im Jahr 2002 die „Riester-Rente" eingeführt wurde, war die Entscheidung für das richtige Produkt für viele ein nahezu unüberwindbares Problem. Zu komplex war die Materie, zu windig viele Versicherungsvertreter. Der Gesetzgeber löste das Problem, indem er nur solche Produkte zuließ, die er zuvor zertifizierte. Und schaffte so Vertrauen beim Verbraucher. Vertrauen ist kein rationales Kalkül, sondern ein emotionales Erlebnis. Es erleichtert vor allem Entscheidungen.

Nur was der Verbraucher emotional akzeptiert, lässt er in seinen Kopf. Und nicht umgekehrt. Einer unserer Glaubenssätze lautet:

## IDEEN MÜSSEN IM BAUCH STIMMEN.

Und nicht unbedingt im Kopf. Was rational auf Widerspruch stößt, lässt sich nur emotional verkaufen.

Jedes Jahr lädt der Chef einer großen Filmproduktionsfirma von Matt zum Essen ein. Von Matt lässt sich das gerne gefallen, sind doch die Treffen kurzweilig und die Restaurants zumindest teuer. Doch nie ist ein Auftrag daraus entstanden, denn Entscheidungen über zum Beispiel Produktionsvergaben fallen nicht im Kopf, sondern im Bauch unserer Agentur: beim zuständigen Creative Director.

Jeder erfolgreiche Handelsvertreter weiß: Ein Kompliment an die Sekretärin des Einkaufsleiters bringt mehr als die üblichen drei Flaschen Wein als kleine Aufmerksamkeit zu Weihnachten an den Finanzvorstand.

Warum missachtet Werbung dieses Prinzip so oft und steigt zu hoch ein? Sie appelliert nur an den Kopf, an die Leitzentrale des Menschen, statt an die so genannten niederen Instinkte zu appellieren, wo die Entscheidungen für die meisten Kaufhandlungen getroffen werden.

WERBUNG ÜBERZEUGT OFT AUF DER FALSCHEN EBENE.

Die wissenschaftliche Erkenntnis dazu lautet wie folgt: In über 90 % aller Fälle zeigt der Verbraucher nur eine geringe Bereitschaft, sich mit einem Thema zu beschäftigen. Er bringt lediglich ein „geringes Involvement“ mit und wird den gebotenen Reiz nur peripher verarbeiten. Er schenkt der Werbung nur geringe Aufmerksamkeit, die Verarbeitung ist flüchtig.

Beim hoch involvierten Verbraucher ist die Reizverarbeitung hingegen zentral; mit klarer Aufmerksamkeit und intensiver Verarbeitung. Diese Situation ist typisch für einen Planungskäufer, der aber leider nur 1–10 % unseres Publikums ausmacht.

Die größte Herausforderung für die Marketingkommunikation ist die Aktivierung von „gering Involvierten“ und ihre Umwandlung in „hoch Involvierte“. Also der Aufstieg von der peripheren hin zur zentralen Reizverarbeitung. (Lachmann 2002) Hierzu kann man folgende einfache Regel aufstellen:

Deutsche Post
EXPRESS

**DEUTSCHE POST „EIS PER POST", PRINT 2001:**

EIN SCHÖNES BEISPIEL FÜR SYMBOLISCHE ÜBERTREIBUNG, DIE VOM PUBLIKUM VERSTANDEN UND AKZEPTIERT WIRD. IN DER KOMMUNIKATION GEHT ES WENIGER UM WAHRHAFTIGKEIT ALS UM SINNHAFTIGKEIT: KEINER GLAUBT, DASS MAN EIS AM STIEL PER POST VERSCHICKEN KANN. ABER JEDER ERKENNT, DASS DIE POST IHRE PAKETE JETZT NOCH SCHNELLER LIEFERT.

FOTOGRAF: STEPHAN FÖRSTERLING

Je geringer die Involvierung des Verbrauchers, desto überraschender muss der Effekt einer spannenden Geschichte sein.

Für die Bahn zu werben ist insofern herausfordernd, als man keineswegs von einem hoch involvierten Publikum ausgehen kann, andererseits das Kommunikationsziel aber höchst kompetitiv ist. Denn mehr Verkehr auf die Schiene zu bringen bedeutet zwangsläufig weniger Verkehr auf der Straße und in der Luft. Das heißt: Unsere Aufgabe besteht darin, einem begeisterten Autofahrer oder Urlaubsflieger ein Verkehrssystem schmackhaft zu machen, für das er sich kaum interessiert.

Wer diesem Autofahrer nun beweisen will, dass es Sinn macht, sein geliebtes Auto zu Hause zu lassen, hat einen schweren Stand. Je sachlicher argumentiert wird, desto schwerer. Der springende Punkt: MAN MUSS WERBUNG NICHT GLAUBEN, MAN MUSS IHR GLAUBEN WOLLEN.

Kein Deutscher lässt sich sein Auto madig machen. Wer ihm von Pannen, Staus und Benzinpreisen erzählt, macht ihn sich von vornherein zum Feind. Und von Feinden kauft man nichts. Hier kann kreative Kommunikation Wunder wirken. Denn wer Charme und Witz beweist, dem wird man auch unbequeme Tatsachen verzeihen. Die Hofnarren des Mittelalters konnten ein Lied davon singen.

Hätte unsere Bahn-Kampagne das Auto verteufelt, hätte sie kein bedeutendes Momentum entfalten können. Aber da sie das Auto nur augenzwinkernd von seinem Sockel hob, wurde sie schnell zum Publikumsliebling.

Man verzieh ihr die kompetitive Botschaft, weil sie mit Charme vorgetragen wurde. Zur Expo 2000 lief eine Serie von TV-Spots, in denen wir verschiedene Autofahrer Passanten fragen ließen: „Verzeihung, wie komme ich am schnellsten nach Hannover?" Und diese nach kurzem Überlegen antworteten: „Mit der Bahn!" Diese Kampagne wurde zum Auftakt für das neue Selbstbewusstsein der Bahn.

Hätte die Bahn ohne augenzwinkernde Überhöhung gefordert: Nimm die Bahn, sonst kommst du in den Stau! Der Autofahrer hätte – gereizt, wie Autofahrer oft sind – der Bahn seinen ausgestreckten Mittelfinger gezeigt.

Einmal haben wir diesen Fehler gemacht: Wir produzierten einen TV-Spot, in dem das Auto geradezu apokalyptisch als Reisemittel von vorgestern dargestellt wurde. Wir zeigten Szenen, in denen sich der Mensch über das Auto ärgerte. Höhepunkt der Verteufelung waren ein paar Kinder, die entsetzt eine tote Katze nach Hause trugen. Dieser Spot war ein Wegdreher. Er war sehr rational und zu ernst in der Diktion. Trotz seiner ungewöhnlichen Länge erzielte er unbefriedigende Werte, sodass ihn die Marketingverantwortliche Gabriele Handel-Jung bald vom Sender nahm.

Einer der Hauptgründe, warum das Gros der Werbung – übrigens nicht nur in Deutschland – uninspiriert ist, liegt darin, dass über Werbung sehr rational diskutiert und entschieden wird. In einer rationalen Meeting-Situation, die weit entfernt von der emotionalen Situation eines typischen familiären Fernsehabends liegt.

Eines Tages, nach einer dieser zermürbenden Präsentationen im klimatisierten Besprechungsraum eines Hochhauses, kam Jung mit der Idee eines Präsentationszimmers an: ein kuschelig eingerichtetes Wohnzimmer mitten in unserer Agentur, in dem TV-Werbung präsentiert wird, auf der These basierend, dass die wichtigsten Entscheidungen über Werbung in einem völlig falschen Umfeld getroffen werden. Nämlich in einem Umfeld, das die Nestwärme eines typischen Fernsehabends konterkariert.

Ambitionierte Hi-Fi-Händler richten ihre Verkaufsräume oft wie Wohnzimmer ein. Damit sich der Kunde wie zu Hause fühlt und einen möglichst authentischen Eindruck von den Geräten und ihrem Klang gewinnt.

Noch ambitioniertere Hi-Fi-Händler tragen die Objekte der Begierde sogar in die Wohnung ihrer Kunden. Zum unverbindlichen Probehören unter realen Bedingungen. Das war es, was Jung vorschwebte.

Doch das Problem löst sich in der Praxis oft von selbst: Wie oft nimmt ein Vorstand eine VHS mit nach Hause und bildet sich im Kreis seiner Lieben ein abschließendes Urteil. Nichts anderes machen wir übrigens auch.

Wird die Aura eines TV-Spots in der rationalen Atmosphäre einer üblichen Meeting-Situation präsentiert, wird sie sehr oft zur leicht verderblichen Ware. Schutzlos einer unangemessenen Rationalität ausgesetzt, die sie selten überlebt. Meilenweit entfernt von der wahren Lebenswelt des Verbrauchers.

Und in mindestens einem von drei Fällen zusätzlich dadurch belastet, dass der VHS-Recorder im Besprechungsraum wieder nicht funktioniert und alle entnervt auf einen Techniker warten müssen, der das Ding wieder in Gang bringt. Kleiner Tipp für Werbungtreibende:

LASST DEN TECHNIKER,
WENN ER SCHON DA IST,
MITENTSCHEIDEN.
ER KÖNNTE DER EINZIGE SEIN,
DER NORMAL FÜHLT!

# 4. KAPITEL

# KREATIVITÄT LOHNT SICH. ABER WELCHE VON BEIDEN?

## ÜBER DIE WIRKWEISEN VON KREATIVITÄT

Zum Jahresende passieren in der Medialandschaft eigentümliche Dinge: Zeitschriften, die aufgrund ihrer geringen Reichweite nur günstige Insertionspreise nehmen können, erleben einen ungeahnten Boom. Blättern Sie im Dezember einmal in der letzten Ausgabe der Stadtillustrierten „Piste" aus Krefeld. Oder schauen Sie sich die letzten Werbeblocks des Jahres auf Hamburg 1 an. Die Chance ist groß, dass Sie auf besonders kreative Werbung treffen, die Sie noch nie gesehen haben. Und auch nie mehr sehen werden.

Des Pudels Kern ist, dass viele Werbeagenturen für die Zulassung bei Wettbewerben ihre kreativsten Arbeiten irgendwo publizieren lassen müssen. Und da der Auftraggeber für diese Art von Selbstdarstellung in der Regel nicht zu gewinnen ist, schalten sie die Werbung kurzerhand selbst.

In der Werbung findet man eben zwei Arten von Kreativität: die publikumsorientierte Kreativität, die Menschen begeistert und Marktanteile bewegt. Und die festivalorientierte Kreativität, die von Fachjurys als neu, mutig und ungewöhnlich angesehen wird.

Etwas ketzerisch könnte man auch sagen: extrinsisch motivierte Kreativität und intrinsisch motivierte Kreativität. Beide Arten haben eine Schnittmenge, sind aber keineswegs identisch. So ist das Momentum einer Werbeidee niemals Garant dafür, dass die Kampagne von der Fachwelt gelobt oder ausgezeichnet wird. Und ebenso wenig ist eine Medaillenflut Garant dafür, dass eine Kampagne im Markt ihren Job tut. Folgerichtig gibt es Werbeleute, die sich nie als Topkreative profilieren konnten, obwohl sie einige begeisternde Kampagnen gemacht haben und immer wieder Momentum entfachen konnten. Und auch Werbeleute, die für höchste Kreativität anerkannt sind, ohne jemals auch nur einen echten „Straßenfeger" produziert zu haben.

Eine im Jahr 2001 veröffentlichte Untersuchung der TU Berlin befasst sich mit dem Einfluss von Kreativität auf Werbewirkung. (Trommsdorff et al. 2001) Die entscheidende Beobachtung der Forscher ist, dass sich bei kreativer Werbung zwei gegenläufige Tendenzen überlagern: Je kreativer, also außergewöhnlicher eine Botschaft ist, desto interessanter, aber auch befremdlicher erscheint sie dem Adressaten. Im Klartext:

BEI ZU VIEL KREATIVITÄT
GEHT DER POSITIVE MOTIVATIONSEFFEKT
IN EINEM NEGATIVEN SCHWIERIGKEITSEFFEKT UNTER.

Hier weichen die beiden Kreativitätsformen voneinander ab. Denn in diesem Punkt unterscheiden sich der unbefangene, lustlose Konsument und das ambitionierte, aufgeweckte Jurymitglied, dem intellektuell und motivatorisch ein wesentlich höherer Schwierigkeitsgrad zugemutet werden kann. Und das einen hohen Grad an Ungewöhnlichkeit und damit Schwierigkeit als Qualität erlebt.

Gerade die aktuelle preisgekrönte Kreativität packt ihre Botschaften gerne in eine konstruierte Symbolik und kommt dann oft wie ein Bilderrätsel daher.

Der Effekt ist zwiespältig und gleicht einer Gratwanderung: Einerseits muss man davon ausgehen, dass die meisten Betrachter vor dem Fernseher keine Bereitschaft und Geduld mitbringen, dieses Rätsel zu lösen. Andererseits kann man bei den Betrachtern, die sich die Mühe gemacht haben und das Erfolgserlebnis „Ich habe die Botschaft verstanden" hatten, von einem wesentlich höheren Motivationseffekt ausgehen. Es ist wie in der Grundschule: Was man eingetrichtert bekommt, prallt ab. Was man sich selbst erarbeitet hat, bleibt hängen.

Vor kurzem sollte Jung bei einem Kongress einen Vortrag halten. Das Publikum war hochattraktiv: Vorstandsmitglieder und Marketingverantwortliche aus großen Unternehmen. Vier Vorträge standen schon auf dem Programm. Der erste: Mehrwert durch kreative Werbung. Der zweite: Ausgezeichnete Werbung bewegt mehr. Der dritte: Kreativität macht Werbung effizienter. Der vierte: Kreativpreise und Markterfolg aus denselben Gründen. Dieses Publikum mit einem fünften Vortrag über die zwei Kreativitätsarten zu bereichern war nicht ganz einfach, funktionierte aber prächtig.

Diesen Unterschied öffentlich anzusprechen ist vielleicht der schlimmste Verrat, den die Branche kennt. Entsprechend provokant war auch die Eigenanzeige, die wir anlässlich eines souveränen Effie-Ergebnisses veröffentlichten. Sie zeigte zwei Totenköpfe mit der Überschrift:

## „WARNUNG VOR WERBERN, DIE NUR KREATIVPREISE IM KOPF HABEN."

Der Text der Anzeige lautete: „Werbeleuten sagt man nach, sie seien geheime Verführer. Sie sollen ausgeklügelte Methoden kennen, um Verbraucher zu beeinflussen, zu stimulieren, zu verführen. Doch wen sie wirklich verführen, sind ihre Auftraggeber. Sie blenden sie mit ihren Medaillen, Löwen und dergleichen. Sie geben vor, Kreativität sei die Einflugschneise zum Markterfolg. Und die Auftraggeber legen ihnen ihre Werbemillionen brav in den Zauberhut. Doch ist Kreativität wirklich die harte Währung? Ist sie das, was die Effizienz von Werbekampagnen ausmacht? Oder gehört vielleicht noch ein zweites, selteneres Talent dazu?

Der Gesamtverband Werbeagenturen – kurz GWA – verleiht Jahr für Jahr die andere Seite der Medaille: den Effie. Es ist der einzige Wettbewerb, der Werbewirkung über Kreativität stellt. Und damit den Selbstzweck mancher Werber entlarvt ..."

War das Ernst? War das Übermut? War das Ironie? Bei unseren Branchenkollegen stieß diese Anzeige auf Stirnrunzeln. Aber für sie hatten wir die kostspielige Doppelseite in der „Welt" auch nicht gebucht.

Vergleichen Sie einmal sieben Minuten Werbeblock in Deutschland mit sieben Minuten Cannes-Rolle. Sie werden wenig Ähnlichkeiten feststellen. Und es werden auch nicht wesentlich mehr, wenn Sie Cannes mit dem englischen oder amerikanischen Werbefernsehen vergleichen.

Cannes ist eine Messe, eine Leistungsshow mit Betonung auf Show. Daran können auch die hohe Professionalität und die perfekte Organisation des Festivals nichts ändern.

Viele der dort gezeigten Arbeiten sind nie mit richtigen Etats geschaltet worden. Es sind Showstücke – wie die vielen Studien, die man auf Automobilmessen bewundern kann. Kein Motor drin. Kein TÜV-Stempel drauf. Nie gelaufen. Oder zumindest nicht in der Form, wie sie dort präsentiert werden.

Immer wieder wird versucht, den Zusammenhang zwischen Werbung, die Preise gewinnt, und Werbung, die Kunden bringt, herzustellen. Doch hier begibt man sich auf dünnes Eis. Zu oft werden bei Kreativwettbewerben Kampagnen ausgezeichnet, die über die Köpfe der Verbraucher hinwegzielen und deshalb auch kein wirkliches Momentum auslösen können.

Doch oft zielen preisgekrönte Kampagnen weniger am Verbraucher als am Thema vorbei. Häufigste Ursache: Die Kampagnenidee bestimmt die Werbebotschaft statt umgekehrt. Klar, dass eine Botschaft, die von einer bestimmten Marktsituation vorgegeben wird, schwerer zu vermitteln ist als eine Botschaft, die sich der Kreative mehr oder weniger selber aussucht. Eine der kreativsten Kampagnen der letzten Jahre ist eine Anzeigenserie für ein Schuhgeschäft, in der die Höhe der Absätze als Unique Selling Proposition ausgelobt wird. Doch kennen Sie eine anständige Frau, für die die Absatzhöhe ein Kaufkriterium ist?

Natürlich reagiert ein Jurymitglied, das sich seit Jahrzehnten mit Werbung auseinander setzt, anders auf Kommunikation als

JUNG v. MATT

**SPONTEX „PRAXISTEST", TV-SPOT 1998:**

ES IST NICHT GANZ LEICHT, DIE DEMONSTRATION EINES HAUSHALTS-SCHWAMMS GLAUBWÜRDIG UND GLEICHZEITIG KURZWEILIG ZU MACHEN. DIE IDEE MIT DER KLOBÜRSTE STAND NICHT IM SKRIPT, SONDERN WURDE SPONTAN MITGEDREHT. DOCH EIN HAUSFRAUEN-TEST ZEIGTE EINDRUCKSVOLL: DER AUGENZWINKERNDE AUSSTIEG HALF, DAS PRODUKT IN GUTER ERINNERUNG ZU BEHALTEN.

REGIE: CARL PRECHEZER
FILMPRODUKTION: ROSE HACKNEY BARBER

jemand, der von den ganzen Hintergründen unbelastet in einer Zeitschrift blättert oder vor seinem Fernseher sitzt.

GEHT MAN DAVON AUS, DASS DAS DANKBARSTE PUBLIKUM INTELLIGENT, NEUGIERIG UND SCHON **LEICHT ANGEHEITERT** IST, TRIFFT DAS AUF DAS DURCHSCHNITTLICHE JURYMITGLIED SICHER STÄRKER ZU ALS AUF DEN DURCHSCHNITTLICHEN KONSUMENTEN.

Der Art Directors Club für Deutschland hat vor über zehn Jahren eine spektakuläre Idee realisiert: Man schickte nach der Jurierung zehn ganz normale Berliner durch die Ausstellung, um zu erleben, wo Überschneidung und wo Abweichung erlebbar war. Die Idee wurde rasch wieder beerdigt, wahrscheinlich weil sie so gut funktionierte: Der ganz normale Berliner blieb auch in den heiligen Hallen des ADC ganz normal. Und fand zu seinen eigenen Favoriten.

Zum Glück gibt es auch eine Schnittmenge zwischen den zwei Kreativitätsarten: Das ist genau der Bereich an Kreativität, der einerseits neuartig genug ist, ohne andererseits schon zum Denksport zu werden und die gewünschte Wahrnehmung zu erschweren.

Bei Jung von Matt sind wir besonders stolz darauf, dass wir in den letzten fünf Jahren nicht nur die meisten Effies – die höchste Auszeichnung für die Effizienz von Werbung – gewonnen haben, sondern viele dieser Kampagnen auch bei den Kreativwettbewerben vorne lagen.

Die Frage, auf die wir in unserer Laufbahn am häufigsten antworten mussten, lautet aber in der Tat: Verkauft kreative Werbung besser? Verkauft unterhaltsame Werbung besser?

Verkauft Werbung, die beim Publikum gut ankommt, besser?

Viele Studien legen diesen Schluss nahe. Doch kaum will man daraus eine Regel ableiten, drängt sich auch schon eine Ausnahme auf. Ein berühmtes Ergebnis aus der Werbeforschung besagt nämlich: Der Grad an Sympathie für eine Werbeidee ist für die Effizienz unerheblich. Hausfrauen wurden zu einer Waschmittelkampagne befragt, die zu den nervtötendsten TV-Ärgernissen ihrer Zeit gehörte. Ihr Urteil: Die Werbung ist schlecht, aber das Produkt ist hervorragend.

Also hat diese Kampagne ihren Job getan. Es ist ihr gelungen, ein Produkt als überlegen darzustellen, dessen wirkliche Qualität für den Laien gar nicht zu beurteilen ist. Ohne jeden Versuch, den Verbraucher mit einer netten Werbeidee gütig zu stimmen. Daraus kann man ableiten, dass Sympathie allein noch kein Momentum bringt. Werbung muss auf jeden Fall mehr sein als nur nett.

Der Schlüssel zum Verständnis publikumsorientierter Werbung ist der, wie die Rezipienten darauf reagieren. Die Antwort auf die Frage „Welche Art von Werbung arbeitet?“ ist die persönliche Verbesserung. Unter persönlicher Verbesserung verstehen wir alles das, was dem persönlichen Ideal eines jeden Einzelnen entspricht oder nahe kommt; was sich in unsere Blaupausen möglichst nahtlos einfügt, die wir ständig bei uns tragen.

So, wie jeder eine Vorstellung vom idealen Körper hat, glauben wir, dass jeder eine Schablone von seinem Selbstbild bei sich trägt. In dem Maße, wie Werbung dieses Selbstbild bedient, wird Werbung Wirkung zeigen; in dem Maße, wie Werbung das Selbstbild ignoriert oder herabsetzt, wird Werbung weniger Wirkung zeigen. In einer breit angelegten Studie zum Verhältnis von Kreativität und Effektivität von Werbung zeigten Kover et al. (1995), dass Rezipienten Werbung genau dann als kreativ beurteilen, wenn sie einem Beitrag zur persönlichen Verbesserung, sprich dem persönlichen Ideal vom Selbst, entspricht oder zumindest nahe kommt.

Die Schlussfolgerung ist ziemlich einfach:

DENKE ZUALLERERST
AN DEN MENSCHEN,
DEN DU ANSPRECHEN WILLST.

Offeriere ihm etwas, mit dem er eine emotionale Verbindung herstellen kann, die seinem Ideal, seiner Blaupause entspricht. Das Ergebnis wird nicht nur wirkungsvoll sein, sondern auch vom Konsumenten als kreative Werbung angesehen werden.

Das Skispringen bietet ein schönes Bild für die gegenseitige Abhängigkeit von Kreativität und Effizienz: Dort gibt es eine Stilnote und die Sprungweite. Beides wird völlig unabhängig voneinander ermittelt. Und theoretisch ist es möglich, dass einer, der nur 30 Meter weit springt, im Stil eine Höchstnote erzielt. Oder umgekehrt einer, der fast ins Publikum segelt, im Stil versagt.

Doch genauso wie es wahrscheinlicher ist, dass jemand mit hervorragendem Stil weiter springt, ist es auch wahrscheinlicher, dass eine Kampagne mit hervorragender Idee mehr verkauft.

Wo liegt nun der Unterschied? Festivalorientierte Kreativität zielt in der Regel auf die Lust am Dekodieren. Das heißt: Sie maximiert den Neuigkeitswert und offenbart in der Regel nicht sofort, was sie will. Das fördert die Neugier und damit das Interesse. Genauso wie man sich einem Tier oder einer Pflanze, die man nicht kennt, interessiert nähert.

Entscheidend aber ist, dass diese Dekodierung lösbar ist. Sie muss Spaß machen und nicht in Arbeit ausarten.

BIETEN WIR DEM VERBRAUCHER
## ZU VIEL DENKSPORT AN, STEIGT ER AUS.

Sicher haben Sie sich schon mehr als einmal gewundert, dass der herkömmliche Schwierigkeitsgrad der meisten Preisrätsel ungefähr auf dem folgenden Niveau liegt. Ergänzen Sie bitte: „Ohne Flei. kein Prei.“.

Nur wenn der Verbraucher spielerisch leicht zur Lösung findet, bleibt er dran. Unsere These ist: Wenn die Hauptbotschaft unmissverständlich ist, dürfen Teilbotschaften ruhig rätselhaft sein. Dann kann es sogar einen zusätzlichen Anreiz darstellen, die Werbebotschaft mehrfach sehen zu wollen. Eine gewisse Rätselhaftigkeit kann sogar herausfordernd wirken und zu Beschäftigung und Interaktion führen.

In einem TV-Spot für Audi sah man zunächst, wie der Protagonist seine Aktentasche in einem Fabrikgebäude abstellte. Kurz darauf wurde die ganze Fabrik gesprengt. Was in Wirklichkeit nur ein dramaturgischer Fehler war, führte zu abenteuerlichen Spekulationen. Was war im Koffer? Die Kündigung des Partners? Oder Pläne eines Konkurrenten? Das Mysterium verlieh dem Spot fast Kultstatus.

Der Spot war weder gut gelungen noch sonderlich beliebt, aber er hatte Momentum: Er beschäftigte, er löste etwas aus. Denn neben der Lust am Dekodieren gibt es auch diesen Stolz auf das erfolgreiche Dekodieren einer Botschaft. Das Geheimnisvolle, Rätselhafte, Versteckte fasziniert uns mehr als das Offensichtliche. Deshalb glauben wir an die oft zitierte Dekodierungsqualität. Doch sie ist wie jede Wunderwaffe: gefährlich. Nach ganz fest kommt ganz lose. Wer die Neugierschraube überdreht, läuft Gefahr, den Verbraucher zu überfordern.

Was wir dem Verbraucher bieten müssen, ist ein Spiel, auf das er sich freiwillig einlässt. Eins, das er bis zu Ende mitspielt und bei dem er sich zwangsläufig eine Botschaft selbst erarbeitet. Da jedes Erfolgserlebnis positiv emotionalisiert, wird der Absender eines solchen kommunikativen „Spielchens" zusätzlich noch einen Sympathievorteil bekommen. Einfach gesagt:

## OHNE SPASS AM DEKODIEREN
KEIN SPASS AN DER WERBUNG.

Dekodieren klingt kompliziert, ist aber eine ganz alltägliche menschliche Verhaltensweise. Jeder von uns nimmt unablässig sein soziales Umfeld wahr und bildet sich sein Urteil über andere, indem er deren Verhalten analysiert und beurteilt. Und diese Erfahrungen sind auch der Gradmesser für Kommunikation, an der man Freude hat.

Kein sozial-intelligenter Mensch käme auf die Idee, sich anderen gegenüber selbst als sympathisch zu bezeichnen. Erst recht dann nicht, wenn er weiß, dass man ihn nicht besonders mag. Stattdessen wird er sich bemühen, ein paar Dinge zu tun, die ihn in den Augen der anderen sympathisch erscheinen lassen.

Er muss sich dafür natürlich eine Bühne suchen, auf der er beachtet wird. Wenn er dies geschickt angeht, authentisch und nicht aufgesetzt wirkt, wird sein Vorgehen im beabsichtigten Sinn wahrgenommen. Sein Verhalten wird dekodiert werden, und man wird ihn als sympathisch einstufen. Ob Marke oder Mensch, wer aufdringlich und aufgesetzt daherkommt, wird abgelehnt. Und wer originell und einnehmend kommuniziert, dem hört man zu, dem will man Glauben schenken.

Wir haben in einem TV-Spot einen Haushaltsschwamm mit einer speziellen Scheuerseite in einem Pseudotest gegen die Sauberkeitsleistung eines Mannes gestellt. Der attraktive junge Mann mit modischem Dreitagebart wurde allerdings wortwörtlich gegen den Schwamm getestet: Mit seinem Gesicht wurde ein Ceranfeld gescheuert und gewischt. Dann zeigten wir, was der Schwamm kann.

Der junge Mann konnte nur verlieren, die Marke nur gewinnen. Der Dekodierungsspaß siegte über die Vernunft. Der Umsatz

Ricola
Schweizer Kräuterzucker

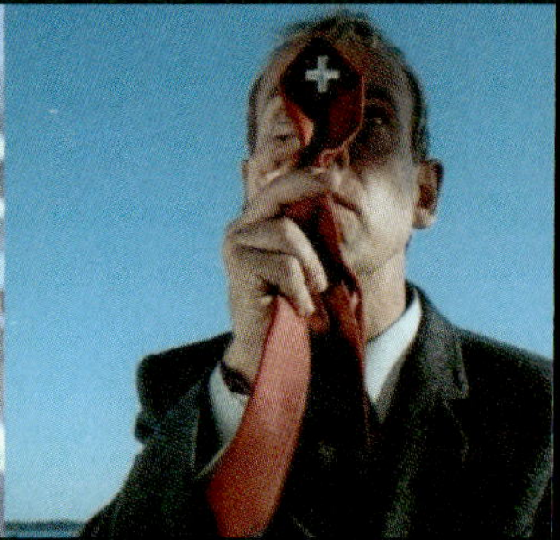

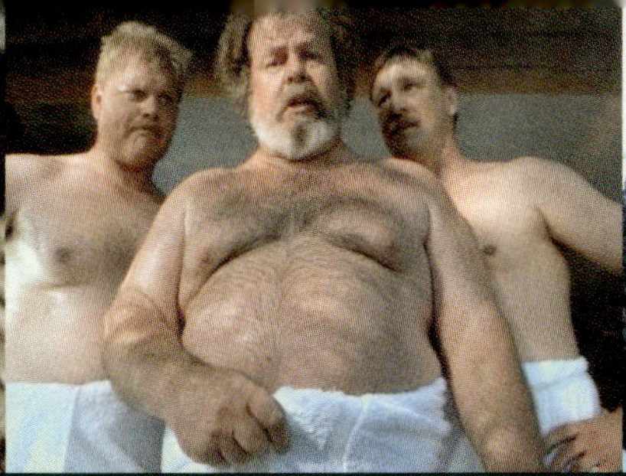

**RICOLA „FINNEN“, TV-SPOT 1998:**

„WER HAT’S ERFUNDEN? DIE SCHWEIZER. UND WER GENAU? DIE VON RICOLA.“ DIESER DIALOG PRÄGTE SICH NICHT NUR EIN WIE EIN SLOGAN, SONDERN FÜHRTE AUCH ZU EINEM GOLDENEN EFFIE.
DIE URSPRÜNGLICH NUR FÜR DEN DEUTSCHEN MARKT KONZIPIERTE KAMPAGNE LÄUFT HEUTE IN GANZ EUROPA. UND AUCH DIE WERBUNG FÜR DEN AMERIKANISCHEN MARKT KOMMT VON UNS.

REGIE: MARTIN SCHMID UND CHRISTIANE BRUNNER-SCHWER

stieg in der Laufzeit des Spots signifikant, obwohl die Kommunikation netto nichts Überraschendes zu bieten hatte.

Ein sicherer Fehler in der Kommunikation besteht darin, den Verbraucher zu unterfordern. In der Unterforderung liegt kein Momentum. Wir gehen zwar nicht so weit wie viele Werbeleute, die sich gegen das Stigma vom „dummen Verbraucher" wehren und intellektuell anspruchsvolle Werbung fordern. Wir glauben aber, dass Werbung herausfordernd sein muss. Und im Gegensatz zu Goebbels, der propagierte, dass man sich am unteren Ende einer Zielgruppe orientieren sollte, meinen wir, man sollte es am oberen Ende tun. Denn jede Zielgruppe hat ihre Vorbilder, denen sie zu folgen versucht.

Im Übrigen ist es eine zweifelhafte Qualität von Werbung, von jedem sofort verstanden zu werden. Bauen Sie ein Motorrad, das von jedem gefahren werden kann. Schneidern Sie ein Kleid, das von jeder Frau getragen werden kann.

## WILLKOMMEN, LANGEWEILE!

Als Pablo Picasso von jemandem, der seine Bilder nicht verstand, gefragt wurde, ob er sie erklären könne, fragte er zurück: „Verstehen Sie Chinesisch?" Als jener verneinte, sagte Picasso: „Sehen Sie, mit der Kunst ist es eben wie mit der chinesischen Sprache: Wenn man sie nicht erlernt, versteht man sie auch nicht."

Nicht Ignoranz ist das Problem der Menschen, die wir mit Werbung erreichen wollen. Sondern Renitenz! Sie haben in der Regel die Zeitschrift nicht gekauft, um sich mit anderen Inhalten als den redaktionellen auseinander setzen zu müssen. Sie haben den Fernseher nicht eingeschaltet, um für etwas, was sie gar nicht anschauen wollen, auch noch den Kopf einschalten zu müssen. Wer uns den Gefallen tut, ihn mit Werbung ansprechen zu dürfen, tut das normalerweise nur unter der Voraussetzung, dass wir ihn unterhalten und nicht belästigen.

Auch wenn uns Trendforscher alle halbe Jahre einen neuen Verbrauchertyp vorsetzen: Die Emotionalität des Menschen ist eine sichere Währung, in die man auch in Zukunft investieren kann. Deshalb basieren auch die großen Erfolge der Unterhaltungsindustrie – ob Kinofilme, Bücher, TV-Serien oder Musik – auf den immer gleichen menschlichen Gefühlen und Erwartungen.

Allerdings hat Dekodierung in jedem Kulturraum eine eigene Grenze: In Großbritannien werden Sie auch mit Kampagnen erfolgreich sein, deren Dekodierungstiefe auf dem Niveau eines mittelschweren Rebus-Rätsels liegt. Undenkbar für eine breite deutsche Zielgruppe.

Die skandinavische Werbung hält für die Inszenierung menschlicher Schwächen eine ganz bestimmte Handschrift bereit. In Italien wiederum ist man mit Warmherzigkeit gut beraten. In den USA endet der Dekodierungsspaß in der Regel mit der Frage: What's in for me? Und bei den Franzosen, so vermuten wir, ist die beliebteste Form des Dekodierens immer noch das Öffnen eines BHs.

Doch auch unabhängig von der richtigen Dosis der Dekodierung hat die festivalorientierte Kreativität ihre Berechtigung.

Denn jedes Festival erzeugt ein Klima der Spitzenleistung. Gäbe es keine Olympischen Spiele, gäbe es auch keine Menschen, die 100 Meter in weniger als 10 Sekunden laufen. Nur der Vergleich mit den Besten fördert Leistung. Nur Wettbewerb mobilisiert Ehrgeiz.

## WAS HAT SAN GIMIGNANO ZU EINEM DER SCHÖNSTEN ORTE DER WELT GEMACHT?

Wettbewerb. Als Zeichen ihres Wohlstands errichteten die konkurrierenden Adelsfamilien des toskanischen Städtchens insgesamt 72 Türme. Ganz nach dem Motto: Je höher, desto reicher. Dabei kannte ihr Ehrgeiz keine Grenzen, sodass sie ein einzigartiges Manhattan des Mittelalters hinterließen.

Gegenseitiges Hochschaukeln macht nicht nur Türme höher, sondern auch Ideen besser. Und dafür ist es höchste Zeit, da wir uns auf das digitale Zeitalter vorbereiten müssen, in dem Medienkonsum immer freiwilliger wird. Spätestens dann wird das Gros der Werbung, die wir heute kennen, keine Chance mehr haben: zu langweilig für einen freien Menschen.

Für den Vergleich der Besten gibt es in unserer Branche Werbefestivals. Agenturen, die sich grundsätzlich nicht bei Werbefestivals bewerben (ein reizvoller Gedanke angesichts der Einsendekosten: Jung von Matt ist jedes Jahr mit 500.000 Euro dabei!), haben Schwierigkeiten, ihre kreativen Talente zu halten.

Und ohne Talent entsteht eben gar keine Form von Kreativität, auch keine publikumsorientierte.

Zu gut erinnern wir uns noch an den Fall einer erfolgreichen Agentur, die eines Tages im Unmut über ein Jury-Ergebnis beschloss, nie mehr zu einem Festival einzusenden. Die Pressekonferenz dazu war dann allerdings das letzte spektakuläre Lebenszeichen, das diese Agentur von sich gab. Sie versank in der Anonymität einer funktionierenden Organisation, die Werbung herstellt, als wären es Schrauben.

Antoine de Saint-Exupéry hat gesagt: „Wenn du willst, dass jemand ein Schiff baut, gib ihm kein Werkzeug, sondern wecke in ihm die Sehnsucht nach dem Meer."

Für Kreative müsste man es etwa wie folgt formulieren: „Wenn du willst, dass jemand eine großartige Kampagne macht, wecke in ihm die Sehnsucht nach einem Goldenen Löwen."

Leider besteht wenig Respekt zwischen den zwei Kreativitätsdisziplinen: Der typische Verfechter der festivalorientierten Kreativität lacht über die lila Kuh. Er findet „Glück, Glück, Glück" zu banal. Und erkennt auch im Begriff „Gesundheitskasse" keine bahnbrechende Idee. Und der typische Verfechter der publikumsorientierten Kreativität lächelt – wenn auch etwas gequält – über die meisten Medaillengewinner.

Bei Jung von Matt fördern wir eine Kultur, die beide Disziplinen ernst nimmt. Natürlich freuen wir uns über Preise. Aber die höchste Auszeichnung ist, wenn man im Eiscafé sitzt und am Nebentisch zwei Teenies vom neuesten Ricola-TV-Spot schwärmen, der weder jemals einen Kreativpreis gewonnen hat noch jemals einen gewinnen dürfte.

Letztlich haben beide Kreativitätsarten nicht nur ihre Berechtigung für sich allein, sondern auch in ihrer Kombination: als Mischpult für höchstes Momentum. So überraschend wie möglich, jedoch mit vertrautem Anknüpfungspunkt. Abwegiges, Verrücktes wird mit vertrauten Emotionen, bekannten Situationen oder geläufigen Personen so kodiert, dass der Konsument gefordert, aber nicht überfordert wird.

Der Marktwert vieler Auszeichnungen und die Angebote vieler Wettbewerber haben leider immer wieder dazu geführt, dass Kreative Jung von Matt den Rücken kehrten. Aber die meisten haben etwas zurückgelassen. Eine Kampagne, die man immer wieder gerne anschaut. Oder einen Gedanken, den man nicht mehr vergisst.

Bei unseren halbjährlichen Beurteilungsgesprächen, für die alle Mitarbeiter ihre Karriereziele formulieren, machte sich unser Art-Director Sergei Ivanov unvergessen. Er schrieb:

„MEIN ZIEL IST, MENSCHEN VOR FREUDE WEINEN ZU SEHEN,
WENN EINER MEINER TV-SPOTS
IHREN LIEBLINGSFILM UNTERBRICHT."

Dieser Satz gefiel uns so gut, dass wir ihn zum Titel unserer Showreel machten. Und ein Tempo-Taschentuch dazulegten.

# 5. KAPITEL

# SCHRAMMEN SIND SEXY, ANGSTSCHWEISS NICHT

## ÜBER PROVOKATION IN DER WERBUNG

Als Kind musste sich von Matt mit seinen Eltern vierzig, fünfzig Theaterstücke ansehen. Eins hat er im Kopf behalten. Als nach wenigen Minuten ein Schauspieler „Ihr Syphilitiker!" ins Publikum brüllte, verließen seine Eltern entrüstet den Saal.

Er blieb. Und lernte etwas, was er heute immer wieder nutzen kann. Wie man durch Provokation die einen vor den Kopf stößt, die anderen aber umso mehr in den Bann zieht. Heute mag es nichts Besonderes mehr sein, wenn man im Theater provoziert wird. Damals, 1966, schon, als das Stück „Publikumsbeschimpfung" von Peter Handke in Zürich uraufgeführt wurde.

Wer erinnert sich noch an den Prinz von Homburg? Mehr als zehn Jahre hat er geboxt. In weniger als zehn Minuten hat er sich unsterblich gemacht. Der gelernte Schlachter Norbert Grupe, wie er richtig hieß, war vielleicht sogar clever, ganz sicher aber mutig, als er 1969 als Gast im Aktuellen Sportstudio Fernsehgeschichte schrieb. Sein Scoop: Er sagte kein einziges Wort. Grupe beantwortete jede Frage nur mit Schweigen und Grinsen und schlug den Moderator Rainer Günzler sozusagen rhetorisch k. o.

War es seine Idee? War es eine Wette? War es Kokain? War es ein Berater, der ihm klar machte: „Je weniger du sagst, desto intelligenter wirkst du"? Si tacuisses, philosophus mansisses.

Oder war es authentische Sprachlosigkeit? Wie auch immer: Es war ein Meisterstück der Provokation. Zu einer Zeit, in der es noch keine Privatsender gab und das Aktuelle Sportstudio noch gut eine halbe Nation erreichte.

Oder John Lennon. Viele Bilder von ihm sind in Erinnerung geblieben. Eins ist unauslöschlich. Als er 1969 zusammen mit seiner Frau Yoko Ono die Flitterwochen zu einer einmaligen Friedensdemonstration umfunktionierte.

Sie betteten sich im wahrsten Sinne des Wortes eine Woche lang im Amsterdamer Hilton und riefen die Presse. Ihre Aktion nannten sie "hair peace, bed peace". Die Botschaft: Stellt euch vor, die ganze Welt bliebe eine Woche lang im Bett. Es würde eine Woche lang Frieden sein, und die Welt würde wissen, wie das ist.

Lauter Beispiele aus einer Zeit, in der besonders provokante Menschen noch einen Namen hatten: Man nannte sie, je nach Standpunkt verächtlich oder bewundernd, Provos.

Es liegt nahe, dass auch Provokation den Impuls auslösen kann, der in der Marketingkommunikation ein hohes Momentum erzielen kann. In vielen Fällen bietet sie die einzige Chance, wirklich durchzudringen.

Der gedankliche Ansatz von Provokation lautet: Nur das Ungewöhnliche, Irritierende, Provozierende findet den Weg ins Bewusstsein unserer Zielgruppe, weil das Gewöhnliche keinen Neuigkeitswert hat und damit nichts bewegt.

George Bernhard Shaw formulierte es so:

WENN MAN IN DIESER WELT
ETWAS NICHT AUF EINE IRRITIERENDE ART SAGT,
KANN MAN ES EBENSO UNGESAGT LASSEN.

Und Werner Kroeber-Riel meint: „Da Irritation mit Aktivierung einhergeht, verstärkt sie zwar die gedankliche und emotionale Verarbeitung und Speicherung einer Werbebotschaft. [...] Die mit Irritation verbundene Abwehrhaltung der Umworbenen beeinträchtigt jedoch die Akzeptanz- und Überzeugungswirkungen der Werbung, vor allem die Auswirkungen der Werbung auf die inneren Haltungen, die zum Kauf führen“ (Kroeber-Riel/Esch 2000, S. 174). Da aber heutzutage Aktivierung der große Engpassfaktor ist, wurde Provokation zu einem unverzichtbaren Stilmittel.

Wer provozieren will, dem stehen zwei Strategien zur Wahl: die Reizstrategie und die Kampfstrategie. Die direkteste Form der Reizstrategie kann man in Hamburgs Herbertstraße erleben. Die Frauen, die sich dort anbieten, sind augenscheinlich provozierend gekleidet. Machen sie das etwa, weil es ihnen gefällt? Weil sie sich so am wohlsten fühlen? Wohl kaum. Sie betreiben Hard Selling und wenden deshalb Provokation konsequent an. Ohne Provokation weniger Umsatz: Das älteste Gewerbe der Welt hat den neuesten Trend der Werbung längst verinnerlicht.

Wie kann Werbung selbst provozieren? Zum Beispiel durch provokante Bilder. In unseren Werbekampagnen für die Tierschutzorganisation Noah haben wir dieses Stilmittel immer wieder eingesetzt.

Nina Hagen

**BILD-ZEITUNG „NINA HAGEN", KINO-SPOT 1993:**

UNSER ALLERERSTER KINOSPOT FÜR DIE BILD-ZEITUNG SCHUF EIN AHA-ERLEBNIS FÜR DIE NEUE OFFENHEIT DES BLATTES. WIR BOTEN NINA HAGEN AN, IN EINEM WERBESPOT IHRE EHRLICHE MEINUNG ÜBER BILD ZU SAGEN. UND WAREN SELBER GESCHOCKT, WIE WÖRTLICH SIE UNS NAHM. DER SPRINGER-VERLAG ZEIGTE MUT, SENDETE DEN SPOT UND ERNTETE DAMIT RESPEKT BEIM JUNGEN PUBLIKUM.

Eines Tages las von Matt in einer Zeitung, dass die EU indirekt Stierkämpfe fördert, weil sie die Viehzucht in Europa fördert. Das inspirierte die Agentur zu einem Kinospot. Er zeigte brutale Szenen, in denen Toreros von Stieren attackiert wurden, und konstruierte folgenden provokanten Zusammenhang:

„JEDER TOTE TORERO SCHAFFT EINEN NEUEN ARBEITSPLATZ.

Ist das etwa der Grund, warum die EU Stierkämpfe fördert?" Manchmal reicht auch ein einziges Wort, das im heilen Disneyland der Werbung nichts verloren hat, um einen provokativen Effekt zu erzeugen.

Als wir den Bild-Etat übernahmen, war eine der Aufgaben, einen Kinospot zu entwickeln. Wir fragten uns: Welche Kraft löst in diesem jungen Umfeld das höchste Momentum für Bild aus? Die Antwort: Offenheit im Umgang mit Kritikern. Eine Botschaft, die keiner dieser Marke zutraute. Erst recht kein Jugendlicher.

Wir filmten Nina Hagen mit ihrer ehrlichen Meinung über Bild. Schon bei Nina löste die Idee Erstaunen aus. Sie konnte es zunächst kaum glauben, dass wir sie wirklich dafür bezahlen, ehrlich zu sagen, was sie über Bild denkt. Und das drückte sie dann mit einem besonders plakativen Wort aus: „Scheiße!" Kaum hatte sie es ausgesprochen, kam die Aufforderung an den Zuschauer: Bild Dir Deine Meinung!

Im Gegensatz zu späteren Kinospots für die Bild-Zeitung, die viel Applaus ernteten, löste dieser erste Spot eher Betroffenheit aus. Alle waren baff. Die radikale Offenheit des Spots ließ das Publikum verstummen. Aber der Spot hatte ein Momentum, wie wir es nie wieder erzielt haben.

Noch heute können wir nicht fassen, dass eine Zeitung, die in 50 Jahren das Wort „Schei..." aus Prinzip nie ausgeschrieben hat, es in ihrer Werbung zuließ. Eine Mutprobe für Gert Borsum, der den Film als Bild-Kommunikationschef verantwortete. Ein Jahr später wurde er vom Art Directors Club zum „Auftraggeber des Jahres" gewählt.

Bleiben wir noch einen kurzen Moment bei weichen Tatsachen und harten Fakten. Der mit Abstand wirkungsvollste TV-Spot 2001 war laut IMAS-Test der führenden Fachzeitschrift w&v die „kotzende Blume" für unseren Kunden Apollo-Optik. Das Ziel war klar: Designerbrillen zu einem günstigen Preis verkaufen. Wir zeigten eine wegen ihrer Brille sehr unvorteilhaft aussehende junge Frau, die ganz versonnen auf eine aus dem Boden sprießende Narzisse schaut. Als die Blume endlich die Frau erblickt, dreht sie sich zur Seite und übergibt sich. Der Spot brach – im wahrsten Sinne des Wortes – mit Konventionen.

Es war nicht ganz so einfach, die Idee beim Kunden durchzusetzen. Aber schließlich war auch er überzeugt und forderte uns auf, es richtig schön grün aussehen zu lassen. Und meinte damit nicht die Wiese. Das Ergebnis war überwältigend. Der Spot wurde nicht nur einfach wahrgenommen, sondern erzeugte auch ein Momentum in einem bislang nicht gekannten Ausmaß: Während dieser Frühjahrsaktion stieg die Auftragsannahme bei Apollo-Optik um über 35 %.

Auch inhaltlich kann Werbung provozieren. Die Modemarke René Lezard hatte Anfang der 90er Jahre das Problem, dass ihre Wertigkeit nicht deutlich wurde. Trotz höchstem Niveau in Design und Qualität wurde René Lezard nie als Topmarke verstanden, sondern ein paar Stufen darunter.

Wir überlegten uns: Alle Modemarken möchten in ihrer Werbung das Produkt zeigen. Und alle möchten es besonders hochwertig und stimmungsvoll erscheinen lassen. Dazu benutzen sie die immer gleichen Mechanismen: noch bessere Fotografen. Noch schönere Gesichter. Noch exotischere Locations. Durch die Gleichförmigkeit der Produkte und der Konzepte wird es immer schwieriger, eine Differenzierung zu erzwingen.

Wir empfahlen Klartext und schlugen als Slogan vor:

„LEIDER TEUER!"

Selten hat sich ein Modeslogan so schnell durchgesetzt. Obwohl er nur klein in den Anzeigen stand und der Mediaetat von René Lezard bescheiden war, kannte ihn nach einer Saison schon die ganze Modeszene. Doch die Bedenken der Händler rissen nie ab. Nach drei Jahren, in denen er viel bewegen konnte, wurde er zurückgezogen.

Einen ähnlich provokativen Effekt erzielten wir mit einem Detail unserer Porsche-Kampagne. Wir hatten uns folgende Idee ausgedacht: Um die herausragende Performance dieser Autos und die besondere Verantwortung, die der Besitzer damit eingeht, zu unterstreichen, sollte in jeder Porsche-Anzeige ein Satz stehen: „Porsche empfiehlt: Fahren Sie vorsichtig!" Es wurde die meistdiskutierte Sechspunktzeile aller Zeiten.

Ein treffsicheres Stilmittel der Provokation sind auch die oft zitierten Tabuthemen der Werbung: Politik und Religion. Vor allem mit Politik ist uns schon mancher Treffer geglückt. Drei der schönsten aus der Sixt-Kampagne.

Kurz bevor Gerhard Schröder zum Kanzler gewählt wurde, prangerten alle Medien die Unklarheit seines Kurses an. Das nutzten wir für eine Sixt-Anzeige, die Mietwagen mit Navigationssystem ankündigte. Sie zeigte Gerhard Schröder nach rechts und nach links blickend: „Sixt hat Autos für Leute, die noch nicht genau wissen, wo sie hinwollen."

Als Oskar Lafontaine nach kurzer Regierungsarbeit das Handtuch warf, schalteten wir eine Anzeige für Sixt-Leasing. Sie zeigte das frisch aufgestellte Regierungskabinett mit einem durchgestrichenen Lafontaine. Die Headline: „Sixt verleast auch Autos für Mitarbeiter in der Probezeit."

Der schönste und größte Coup, der uns mit Politikern gelungen ist, betraf Angela Merkel. Die erste Seite der Anzeige zeigte Frau Merkel mit ihrer viel diskutierten Unfrisur und der Überschrift: „Lust auf eine neue Frisur?" Die zweite Seite zeigte sie mit einer Sturmfrisur: „Mieten Sie ein Sixt-Cabrio!"

Das Besondere war: Die CDU-Chefin zeigte beeindruckende Gelassenheit und spielte mit. So brachten ihr die Sixt-Werbung und ihr Presse-Echo eine ungeahnte Sympathiewelle ein.

## DIE TYPISCHE WIN-WIN-SITUATION VON PROVOKANTER WERBUNG.

Die Firma Sixt und Frau Merkel wurden von der Presse bestürmt. Alle großen Fernsehstationen und alle namhaften Zeitungen berichteten. Viele davon mit der Abbildung der Anzeige auf der Titelseite. Ein Mediawert von über 3,2 Millionen Euro entstand. Aus einer Anzeige, die in zwei Titeln geschaltet wurde und keine 100.000 Euro kostete.

Erinnern wir uns an die These von der Kreativität als Wirtschaftsfaktor mit der größten Hebelwirkung. Und an Blair Witch Project. Und an die Kraft, die Werbung heute braucht: Momentum.

Natürlich ist es bei solchen Aktionen nicht möglich, die Persönlichkeitsrechte zu klären, geschweige denn zu kaufen. Man muss das Risiko einer Auseinandersetzung eingehen. Dieses Risiko ist bei Politikern, solange sie im Amt sind, gering, da sie jeden Wirbel um ihre Person und damit jeden Rechtsstreit scheuen. Und da sie sich an ihrer Popularität nicht persönlich bereichern können und deshalb eine gemeinnützige Organisation begünstigen müssten.

Bei Persönlichkeiten aus dem Sport, dem Film etc., die zu ihrer Vermarktung ein eigenes Management beschäftigen, gibt es diese Gnade nicht. Hier wird es in jedem Fall teuer. Nur bei Medien ist dieser Weg machbar, stellt er doch einen juristischen Grenzfall dar. Für die Bild-Zeitung ließen wir ein Jahr lang ungerügt und ungestraft einen TV-Spot mit Interviewszenen von bekannten Sportlern laufen. Es waren Szenen aus Fernsehinterviews, in denen den Sportlern die Worte fehlten und nur ein lang gezogenes „Ähhh!" rauskam. Die Botschaft: „Was diese Sportler meinen, steht in Bild."

Zur Reizstrategie gehört natürlich auch die Werbung, die ironisch überhöht eine Minderheit diskriminiert.

HIERBEI FÄLLT AUF:
**DIE MINDERHEIT,**
DIE SICH AM HÄUFIGSTEN DISKRIMINIERT FÜHLT, IST
**EINE MEHRHEIT:**
DIE FRAUEN.

Mehr als die Hälfte der Beschwerden, die beim Deutschen Werberat eingehen, beziehen sich auf Frauenfeindlichkeit. Manchmal so absurd begründet, dass man wirklich frauenfeindlich werden könnte. Es war nicht immer leicht zu verstehen, was die Frauen gegen diese oder jene Aussage hatten.

Am liebsten würde Jung den Abend aus seiner Erinnerung streichen, als er sich in einer Talkshow vor aufgebrachten CDU-Politikerinnen für einen TV-Spot rechtfertigen musste.

Frauen fühlen sich oft missverstanden, weil sie Inhalte emotionaler interpretieren als Männer. Das heißt: Die identische Botschaft führt bei Mann und Frau oft zu erstaunlich abweichenden Reaktionen.

JUNG v. MATT

**NOAH „LIPPENSTIFT", PRINT 2000:**

KURZ NACH AGENTURGRÜNDUNG RIEF UNS EINE FRAU KUNZE AN UND ERZÄHLTE VON IHRER ORGANISATION GEGEN TIERVERSUCHE. EIGENTLICH WAREN WIR NOCH ZU KLEIN, UM EINEN ETAT OHNE HONORAR ZU BETREUEN. ABER WIE SOLLTEN WIR DAS DEN TIEREN ERKLÄREN? MEDIEN WIE DER STERN UND DER SPIEGEL SPENDETEN ANZEIGENRAUM. UND CANNES SPENDETE EINEN GOLDENEN LÖWEN.

FOTOGRAF: NICO WEYMANN

Ein schönes Beispiel für diese These liefert ein frühes Rendezvous von Jung und seiner Frau. Im Kerzenlicht sagte er: „Ich habe tausend Irrwege gebraucht, um endlich zu dir zu finden." Seine Frau schmolz dahin. Selten hatte ihr ein Mann so etwas Schönes gesagt. Doch Jung wollte ihr nur erklären, dass er sich auf dem Weg zum Restaurant mehrfach verfahren hatte, weil sein Navigationssystem total verrückt spielte.

Einmal allerdings war unsere Frauenfeindlichkeit so unmissverständlich, dass Interpretation keine Rolle mehr spielte. An der Kreuzung vor der Agentur stand tagelang ein Porsche mit eingebeulter Schnauze. Einer unserer Kreativen fotografierte ihn und textete: „Sixt vermietet auch an Frauen." Herr Sixt schaltete die Anzeige erst, nachdem er sich vergewissert hatte, dass Frauen weniger als 5 % seiner Kundschaft ausmachen.

Die zweite Form der Provokation, die Kampfstrategie, beruht auf folgendem Prinzip: Jeder Wettkampf zieht Publikum an – ManU gegen Bayern, Schumi eins gegen Schumi zwei. Jauch gegen Kandidat. Man fiebert mit. Man ergreift Partei.

Warum sonst sind Champions League, Formel 1 und „Wer wird Millionär?" im Quotenkampf nicht zu schlagen? Es sind nicht die schönen Spielzüge. Es sind nicht die farbigen Autos. Es ist der Kampf, der ein hohes Momentum bringt.

Diesen Effekt kann auch die Werbung nutzen und mit einem „Schaukampf" Aufmerksamkeit gewinnen. Oder zusätzliche Sympathie, wenn man als David einen Goliath herausfordert. Die verbreitetste Form ist vergleichende Werbung, die einerseits zwar heute offiziell erlaubt ist, aber immer noch so vielen Restriktionen unterliegt, dass sie nur schwer anzuwenden ist. Doch auch hier gilt:

DIE AUFMERKSAMKEIT GEHÖRT DEM, DER SICH TRAUT.

Typisch für eine Kampfstrategie ist die Sixt-Kampagne. Vor allem ist diese Kampagne kämpferischer, als sie zunächst wirkt. Sie ist auch das beste Beispiel für unsere Metapher des Trojanischen Pferds. Die Sixt-Werbung entspricht diesem Bild geradezu idealtypisch. Sie ist geschickt verpacktes Hard Selling. Jede Anzeige und jedes Flughafenplakat enthält ein kompetitives Preisangebot. Man merkt es ihnen aber nicht an.

Von Matt hat den Sixt-Etat 1985 übernommen. Damals wurde Sixt in der Mietwagenbranche noch als vernachlässigbare Größe verspottet. Doch eine konsequente Kampfstrategie hat Sixt zum überlegenen Marktführer gemacht. Und den Sprung in den europäischen Markt ermöglicht.

Selbst das Ehepaar Sixt räumt ein, dass der Erfolg des Unternehmens ohne diese Werbung nicht möglich gewesen wäre. Doch wir müssen zugeben, dass diese Werbung ohne Regine und Erich Sixt nicht möglich gewesen wäre, die provokante, innovative Ideen nicht nur fordern, sondern auch den Mut haben, sie zu bringen.

Es ist unbestreitbar, dass provokante Werbung ein höheres Momentum bringt. Trotzdem wird sie nur selten eingesetzt. Ihr Hauptproblem: Die Nebenwirkungen sind nur schwer kalkulierbar. Zwar sammelt man irgendwann Erfahrungswerte, wenn man das Stilmittel Provokation immer wieder benutzt. Aber sicher ist man nie. Weder, dass der Effekt wirklich einsetzt. Noch, dass das Effekt-Ärger-Verhältnis am Ende positiv ausfällt.

Auch wir waren uns der Folgen von provokanter Werbung oft nicht sicher. In einem Fall sogar uneinig. Wir trafen uns mit einem Freund aus Hannover zum Essen. Es war kurz vor der Niedersachsenwahl, von deren Ausgang abhängig gemacht werden sollte, ob Schröder Kanzlerkandidat der SPD würde.

Unser Freund hatte eine Idee: „Lass uns den Stolz der Niedersachsen auf einen niedersächsischen Kanzler mobilisieren und am Tag vor der Wahl eine anonyme doppelseitige Anzeige in alle Zeitungen des Bundeslandes setzen.“ Wir fragten, wer die 500.000 Euro, die diese Aktion über den Daumen gepeilt kosten würde, bezahlen soll. Er antwortete: „Ich.“

Jung war gegen diese Anzeige, weil er großen Wert auf die politische Neutralität der Agentur legt. Von Matt war dafür, weil er die Idee liebte. Da Jung in Urlaub fuhr, erschien die Anzeige. Sie zeigte die letzten vier Bundeskanzler mit der Bildunterzeile: Kein Niedersachse. Darunter stand als Schlagzeile: „Der nächste Kanzler muss ein Niedersachse sein.“ Damit setzten wir einen kommunikativen Hebel ein, der der SPD nicht zur Verfügung stand, da die Partei sich noch gar nicht auf Schröder festgelegt hatte.

Die Anzeige und der darauf folgende eindeutige Wahlsieg lösten einen „fantastischen“ (von Matt) und „verheerenden“ (Jung)

Sturm auf die Agentur aus, die der einzige erkennbare Absender der Anzeige war. Alle fragten sich: Wer steckt dahinter? Wilde Spekulationen kursierten. Da wir zu dieser Zeit Audi-Agentur waren, wurde gemutmaßt, dass der Auftrag aus Wolfsburg kam. Die Presse ließ nichts unversucht, um den Hintergrund dieser Anzeige aufzudecken, und wurde Monate später auch fündig.

Was hat die Anzeige gebracht? Da wir einige kleine Wahlkreise bewusst ausgelassen hatten, konnten wir ziemlich genaue Rückschlüsse ziehen. In diesen Wahlkreisen lag Schröder durchschnittlich 1,8 Prozentpunkte unter seinem Gesamtergebnis. Ein höheres Momentum als Jung lieb war.

Wir erinnern uns auch an Fälle, wo wir unserem Auftraggeber ziemlich genau voraussagen konnten, welchen Mehrwert provokante Werbung bringt. Nie lagen wir so richtig wie beim TV-Spot „Fulda" für e-Sixt. Bei diesem Spot haben wir auch alle Nebengeräusche einkalkuliert. Und das erstaunlich präzise.

Es ging um einen TV-Spot für das Online-Flugreisen-Angebot von e-Sixt, der möglichst viele Klicks generieren sollte. Unsere Idee war, eine Stadt als die deprimierendste Stadt Deutschlands darzustellen. Und e-Sixt als letzte Hoffnung für die Bewohner, günstig wegzufliegen.

Nun mussten wir noch eine geeignete Stadt als Opfer bestimmen. Wir wollten weder eine Ost-Stadt noch einen dieser Klischee-Moloche wie Mannheim, Castrop-Rauxel oder Salzgitter nehmen. Auch Offenbach kam nicht infrage, zumal Jung von Matt dort vertreten ist. Da von Matt mal ein sehr unange-

Links, rechts? Rechts, links? Oder vielleicht scharf rechts? Der Nissan Maxima mit Navigationssystem sagt jedem, welche Richtung er einschlagen soll. Mieten Sie ihn für DM 189,–/Tag unter der Telefonnummer 0180/5 25 25 25. Oder doch links?

Autovermietung Sixt Budget

www.sixt.de

**Sixt hat Autos für Leute, die noch nicht genau wissen, wo sie hinwollen.**

**(Nissan Maxima mit Navigationssystem ab 189,–/Tag)**

**SIXT RENT A CAR „SCHRÖDER", PRINT 1998:**

EINIGE MALE KONNTE DIE SIXT-KAMPAGNE ERHEBLICHEN MEHRWERT DURCH POLITISCH NICHT GANZ KORREKTE MOTIVE ERZIELEN. KURZ VOR SEINER WAHL ZUM KANZLER, IN EINER PHASE, IN DER IHM VORGEWORFEN WURDE, KEINE FARBE ZU BEKENNEN, ERSCHIEN DIESE ANZEIGE. DAFÜR, DASS SIE NUR EINEN NISSAN BEWARB, BITTEN WIR DEN KANZLER UM ENTSCHULDIGUNG.

FOTOGRAF: MARC DARCHINGER

nehmes Erlebnis in Fulda – nämlich eine langwierige Autopanne – hatte, kamen wir auf Fulda. Nun war noch wichtig, dass die Sixt-Station in Fulda nicht zu viel Umsatz machte.

Wir präsentierten den Spot bei Sixt und sagten voraus, dass nach etwa zehn Tagen Ausstrahlung die Medien voll sind mit Meldungen wie: Eine Stadt kämpft um ihre Ehre. Etc. Und genauso kam es. ZDF, SAT.1 und RTL und unzählige Zeitungen und Zeitschriften von der Süddeutschen bis Focus berichteten. Die Münchner TZ hatte an ihren tausenden von Zeitungskästen ein Plakat mit der Headline: Wirbel um freche Sixt-Werbung. Eine Woche lang liefen die Drähte zwischen Fulda, Pullach und Hamburg heiß. Die häufigste Frage:

## WARUM FULDA?

Uns war klar, dass die Autopanne wenig spannend für die Presse sein dürfte, und wir bemühten uns um eine publikumswirksamere Story, um den Wirbel noch besser auskosten zu können. Unser Kreativchef Oliver Voss ersann folgende Geschichte: Er, der sich den Spot ausgedacht hatte, war vor elf Jahren auf Naxos im Urlaub. Eines Abends lernte er ein wunderschönes Mädchen kennen: Anna aus Fulda. Sie verbrachten die Nacht am Strand, doch am nächsten Morgen musste sie auf die Fähre.

Beim Abschied bat sie ihn, am ersten Sonntag im April nach Fulda zu kommen. Sie würde ihn am Bahnhof abholen. Voss fuhr hin, sie war nicht da. Stundenlang irrte er durch die kühle Stadt und schwor sich:

FULDA, DAS KRIEGST DU ZURÜCK.

Die Presse fand offensichtlich Spaß an dieser Geschichte. Ein Titel druckte sogar eine Phantomzeichnung von Anna ab, die wir angefertigt hatten.

Inzwischen war auch in Fulda die Aufregung groß. Der Oberbürgermeister Dr. Alois Riehl schrieb uns. Freundlich, aber bestimmt bat er uns um Wiedergutmachung. Wir schrieben einen Spot, der Fulda als die schönste Stadt Deutschlands präsentierte. Und kündigten die Erstausstrahlung in allen Fuldaer Tageszeitungen an.

Auch hier gab es am Ende nur Gewinner. Eine Stadt, von der sonst kein Mensch spricht, konnte sich in der Presse als sehenswerte Barockstadt präsentieren. Sixt konnte publikumswirksam darstellen, dass die Firma nicht nur Autos vermietet. Die Presse hatte etwas zu beißen. Und – okay – auch die Agentur wurde erwähnt.

Natürlich hat auch provokante Werbung ihre Grenzen. Nämlich dort, wo sich die Provokation als sinnleerer Hingucker entlarvt. Hier spielt der Verbraucher nicht mit. Denn er erkennt die Absicht und ist verstimmt. Auch Provokation muss relevant sein. Mit einem Totenkopf für ein Kaugummi zu werben kann erst dann sinnvoll sein, wenn es ein Kaugummi mit besonders lang anhaltendem Geschmack ist.

Oft ist das Stilmittel Provokation dem Charakter des beworbenen Produkts nicht angemessen. Vor allem dort, wo eine Marke

Vertrauen schaffen soll, z. B. in der Pharmawerbung. Oder auch wenn Investitionsgüter beworben werden. In jedem Fall ist Provokation wie ein hochwirksames Medikament, das man genau dosieren muss.

Provokation sollte nur Akzent, aber nie Dauerfeuer sein. Langfristige Provokation erfordert ständig steigende Dosis und ist damit zum Flop verdammt. Hier hat Benetton unserer Branche einen schlechten Dienst erwiesen, als die Kampagne „durchdrehte“ und damit provokante Werbung ins Zwielicht brachte. Die Benetton-Kampagne ist Provokation um der Provokation willen. Sie hatte einen enorm hohen Aufmerksamkeitswert, aber einen geringen Aktivierungswert. Was ihr nicht gelang, war die Anbindung der Provokation an das Produkt.

Wer früher Tonbandaufnahmen gemacht hat, kennt noch den roten und grünen Bereich: Je näher man dem roten kam, desto besser konnte man die Dynamik des Materials nutzen. Aber desto größer war die Gefahr von Verzerrungen. Genauso verhält es sich mit Werbung. Wer an die Grenzen geht, braucht eine Art „Hinterbandkontrolle“. Er muss auf alle Nebengeräusche achten.

Zu unserem zehnjährigen Bestehen organisierten wir eine große Jubiläumsfeier. Es sollte eine Bad-Taste-Party werden, und entsprechend geschmacklos sollte die Einladung aussehen. Wir entwarfen ein buntes Faltblatt: frivole Bilder und zotige Texte auf billigem Papier.

Eine nie erlebte Entrüstung bildete sich. Unser Telefon stand nicht still. Die meisten Auftraggeber und Journalisten waren so verärgert, dass sie absagten. Jung beschloss, sich schriftlich für die Geschmacklosigkeit zu entschuldigen, und machte damit alles noch schlimmer.

Aber ist es nicht versöhnlich, wenn man Mut nicht nur von seinen Auftraggebern fordert, sondern ihn nach zehn Jahren auch selbst mal beweist?

# 6. KAPITEL

# WARUM RICHTIGE WERBUNG FALSCH IST

## ÜBER DIE WECHSELWIRKUNG VON STRATEGIE UND KREATIVITÄT

Als unsere Agentur wenige Wochen alt war, stand Jung vor einem unserer ersten Kunden und argumentierte verzweifelt für eine Idee, deren Stärke wohl nicht ganz offensichtlich war. Er suchte nach Beispielen und kam spontan auf folgendes: „Schauen Sie, Herr Huffmann, diese Anzeige funktioniert wie das Trojanische Pferd, von außen nett verpackt, sodass sie der Konsument gerne an sich heranlässt, aber im Kern steckt das Hard Selling."

Er konnte den Kunden überzeugen und nutzte diese Parabel von da an immer wieder. Als von Matt sie zum ersten Mal hörte, war er begeistert und die Jung-von-Matt-Arbeitsphilosophie geboren:

GUTE WERBUNG IST WIE DAS
**TROJANISCHE PFERD.**

Über zehn Jahre versuchten die Griechen, Helena aus Troja zu befreien. Aber die Stadt erwies sich als uneinnehmbar. Die Stadtmauern waren zu wehrhaft, als dass man sie von außen hätte überwinden können. Die Stadt auszuhungern gelang auch nicht. Und psychologisch gab es ebenfalls keine Chance, die Trojaner zum Aufgeben zu zwingen.

Nur eine List konnte das notwendige Momentum bringen. Die Angreifer zogen sich vermeintlich aufgebend zurück und hinterließen ein Geschenk: das berühmte Trojanische Pferd. In dessen hölzernem Bauch verbargen sich 30 der mutigsten Krieger. So gelangten die Griechen in die Stadt, und Troja ging unter.

Das Trojanische Pferd ist eine hocheffiziente Idee. Sonst hätten es die Trojaner nicht in die Stadt geholt. Und eine überzeugende strategische Leistung. Sonst wäre Troja nie besiegt worden. Ganz im Sinne der ursprünglichen Definition von Strategie: Strategie gleich Kriegslist oder gleich planerischer Kunstgriff.

Strategisch vorgehen heißt, einen Plan auszuarbeiten und umzusetzen, bei dem alle möglichen Einwirkungen und Aktionen der Gegenseite bzw. alle möglichen Einflussfaktoren einbezogen werden. Und listenreich alle Probleme zu lösen, die der Zielerreichung entgegenstehen.

Gilt das auch für die gängigen Marketing- und Kommunikationsstrategien? Werden hier mit List und Lust Pläne geschmiedet, um scheinbar unüberwindbare Probleme zu lösen und so ehrgeizige Ziele zu erreichen?

## IN DER MARKETINGKOMMUNIKATION WERDEN LISTEN ERNSTER GENOMMEN ALS LIST.

Listen, in denen nach dem Einmaleins des Marketings unternehmenspolitisch korrekt alles aufgeführt ist, was Einfluss auf die Kommunikation haben könnte. Absicherungen, die anstelle einer klaren strategischen Lösung eher dazu dienen, bloß nichts unterlassen zu haben.

Strategie ist ein großes Wort. Oft überlebensgroß. Wenn es in einem Meeting fällt, erstarren alle zur Salzsäule, und jeder hofft auf den Messias, der den Weg weist. Doch man muss sich bewusst machen, dass Strategie oft nur das probate Mittel für die Schwachen ist. Strategie kann helfen, trotz unterlegener Leistung ein höheres Momentum zu erzielen. Sie ist wichtig für den, der es mit schierer Leistung nicht schafft.

Der überlegene Boxer braucht keine Strategie, er muss schlicht und einfach nach dem ersten Gong seine Kunst anwenden. Der überlegene Rennfahrer braucht auch keine Strategie, er muss die schnellste Trainingsrunde fahren und dann das Rennen von der Pole-Position aus gewinnen.

Wenn Sie Anhänger einer Fußballmannschaft sind, die sich blind versteht, die zweikampfstark und torgefährlich ist und deren Torwart kein Fliegenfänger ist, hat Ihre Mannschaft alles, um ein Spiel zu gewinnen. Der Rest ist pures Glück.

Umgekehrt kann unser FC St. Pauli, dem wir uns als Sankt Paulianer Werbeagentur verbunden fühlen, den Klassenerhalt auch mit einem Ottmar Hitzfeld als Trainer nicht schaffen.

## STRATEGIE IST MACHTLOS, WENN DIE SUBSTANZ NICHT AUSREICHT.

Wie lächerlich ist es, dass in einem Sport, in dem offensichtlich Glück und Pech ein Spiel entscheiden können, hinterher ausladende Fernsehdiskussionen über den wahren Grund der Niederlage geführt werden. Und die angeblich geniale Strategie zum Sieg gefeiert wird.

JUNG v. MATT / Limmat

**PANASONIC „BAUCH", PRINT 2001:**

PANASONIC SOLLTE ZUR KULTMARKE IM MARKT FÜR UNTERHALTUNGSELEKTRONIK WERDEN. KULTMARKEN MÜSSEN SICH NICHT ERKLÄREN, NUR SELBSTBEWUSST IHRE IDENTITÄT VERMITTELN. DARUM WAR ES BEIM AUFTRAG, EINE KAMPAGNE ZU ENTWICKELN, SOFORT KLAR, DASS WIR NICHT PRODUKTMERKMALE AUFLISTEN WÜRDEN. WIR INSZENIERTEN VIELMEHR DIE MISSION DER MARKE.

FOTOGRAF: DANIEL MEIER

STRATEGIE IST ALSO EIN WORT, VOR DEM ALLE RESPEKT HABEN. ÜBERALL, WO ES AUFTAUCHT, LÖST ES DEMUT AUS.

Im Sport und genauso in der Markenführung. Zu Recht?

Entscheidend für die Strategie ist nach wie vor die Leistung, das Produkt selbst. Ein überlegenes Produkt wie ein BMW löst völlig unabhängig von Strategien Begehrlichkeiten aus. Der bessere Motor, das Fahrverhalten, die Verarbeitungsqualität, die Rundumperfektion sind die entscheidenden Erfolgsfaktoren. Nicht jedoch etwa die vertriebsstrategische Idee, den Grundpreis etwas unter den der E-Klasse zu setzen.

Wenn ein Produkt nicht wettbewerbsfähig ist, kann der beste Stratege der Welt nicht helfen. Umgekehrt wird ein wettbewerbsfähiges Produkt unabhängig von einer passenden Strategie immer eine gute Chance haben.

Wir wollen damit nicht der Strategielosigkeit das Wort reden. Natürlich sind schlaue Gedanken notwendig, um Produkte zu positionieren, um einen marktgerechten Preis und die richtige Zielgruppe zu finden. Wir wollen lediglich das Verhältnis zwischen Produkt und Strategie korrigieren. Zugunsten des Faktors, der das höchste Momentum auslöst: der harten Währung namens Produkt.

Auch in einer Zeit, wo Produktleistungen sich zunehmend angleichen, ist Marketing nicht alles. Aber alles beginnt mit einer starken Leistung. Wir stehen mit unserer Meinung nicht ganz allein. Immerhin gehört es zu den Grundsätzen von Procter &

Gamble, nur Produkte mit einem klaren Wettbewerbsvorteil zu vermarkten. Und Unilever wird sein 1.600 Marken umfassendes Sortiment auf 400 reduzieren.

Auch in der Werbung ist es letztendlich das kreative Produkt, das über Erfolg oder Misserfolg entscheidet. Es gibt sehr viele strategisch richtige Werbekampagnen. Aber strategische Stringenz allein bringt noch keinen Effekt. Sie ist nur die Einflugschneise für den Erfolg einer Kampagne. Doch nicht der Erfolg selbst.

Wir haben in unserer Laufbahn sehr viele verpatzte Kreativpräsentationen erlebt. Aber noch kaum eine verpatzte Strategiepräsentation. Die Strategie ist auch insofern eine banalere Leistung als Kreativität, als sie aus objektiven Tatsachen abzuleiten ist und nicht reiner Inspiration folgt.

Eine wirkliche strategische Leistung besticht nicht durch Quantität und Fleiß, sondern durch Konsequenz und Mut. Es geht nicht um das möglichst komplette Aufführen aller Möglichkeiten, die in eine positive Botschaft münden könnten, sondern um die Konzentration auf die erfolgversprechendste. Weil listenreichste.

Strategie ist nicht nur das Zauberwort unserer Branche geworden, sondern auch ihr Basisinstrument. Die Copy Strategy wurde zum Packzettel für den Produktmanager.

Von der Positionierung der Marke über die Festlegung der Wettbewerber und damit der Sources of Business, über die Zielgruppendefinition, den Verbrauchernutzen – sowohl physisch als auch psychologisch – bis hin zur Begründung für den Nutzen und die Tonalität der Kampagne: Alles ist drin, alles geregelt, alles zum Abhaken. Mittlerweile werden diese Mechanismen auch von Frauenzeitschriften adaptiert und für die Karriereplanung ihrer Leserinnen angeboten. Diese Selbstthematisierung verkauft sich natürlich besser unter den griffigen, der aktuellen Management-Nomenklatur entlehnten Schlagwörtern wie „Ego-Marketing" bzw. „Ich-Aktie".

Und das alles ist korrekt – solange die entscheidende strategische Frage beantwortet ist: Worum soll es im Kern gehen? Worauf soll sich die Kommunikation konzentrieren?

Aber selbst in den Fällen, in denen haarscharf strategische Wege vorgegeben sind, ist die Entscheidung über die richtige Kommunikation nicht eins zu eins im oben beschriebenen Abhakverfahren möglich.

Sind 5 % mehr Fruchtgehalt eine Kriegslist, um im dicht besiedelten Markt der Fruchtjoghurts Marktführer zu werden? Ist es eine Kriegslist, mit den immer wieder gleichen Klischeebildern darauf zu setzen, dass der Mensch im Kern die immer wieder gleichen Bedürfnisse hat – und entsprechend reagiert wie die Pawlow'schen Hunde?

BEI JEDER ENTSCHEIDUNG
ÜBER KOMMUNIKATION GEHT
ES DARUM, IN EINEM BEREICH
HÖCHSTER UNSICHERHEIT
UND GESCHMÄCKLERISCHER DYNAMIK
DEN WEG DES ERFOLGS ZU FINDEN.

Und als Entscheider dabei vor allem emotional Sicherheit und Vertrauen zu gewinnen. Aber kann man mit der Copy Strategy im Anschlag allein wirklich beurteilen, welche kreative Idee in der Zielgruppe gezielte Wucht, sprich Momentum, auslöst?

Als wir die Aufgabe hatten, die Kultlimonade der 70er Jahre, Bluna, wiederzubeleben, war die Gefahr groß, dieses entscheidende Differenzierungsmerkmal falsch zu inszenieren.

Denn wie sagt man „Ich bin eine Kultmarke", ohne sich damit lächerlich zu machen? Und dann genau das Gegenteil dessen zu bewirken? Kultmarken haben schließlich immer Geheimtippcharakter und entstehen nicht mit den Mitteln der klassischen Werbung. Unsere Kriegslist bestand darin, die üblichen Wege zu verlassen und nicht nach der tradierten Erkenntnis vorzugehen "Say what you are – show what you say".

Ganz im Gegenteil: Die Kultlimonade für junge Leute bekam zwei skurrile ältere Herren als Protagonisten, die sich gegenseitig pseudo-logische Geschichten über die verschiedenen Bluna-Produkte erzählten. So, dass man zweimal darüber nachdenken musste, welcher absurden Logik sich die beiden gerade bedient hatten.

Dazu kam der Slogan: Sind wir nicht alle ein bisschen Bluna? Wir setzten genau dort an, wo die Marke ihren Starterfolg hatte: bei der Flower-Power-Friedlichkeit der frühen Siebziger. Obwohl der Etat nicht besonders groß war und wir uns auf das Medium Funk konzentrieren mussten, setzte sich der Slogan schnell durch und wurde zu einem oft zitierten geflügelten Wort.

28,4% ALLER TODESFÄLLE EREIGNEN SICH ZU HAUSE.*
BESSER, SIE SIND NICHT DA.
CINEMAXX
Der Filmpalast

**CINEMAXX „WASCHBECKEN", PRINT 1999:**

BEQUEMERE SESSEL? BREITERE LEINWÄNDE? BESSERER SOUND? WIR SAGTEN UNS: NUR DIE UNTERHALTSAMSTE WERBUNG KANN CINEMAXX ZUR ATTRAKTIVSTEN MARKE IM UNTERHALTUNGSMARKT MACHEN. JOACHIM FLEBBE, DER CINEMAXX-CHEF, TAT SICH ANFANGS MIT DER KAMPAGNE SCHWER. ALS WIR SIE JEDOCH IN DIE HARALD-SCHMIDT-SHOW MITBRACHTEN UND SIE DORT GROSSEN APPLAUS FAND, WAR AUCH ER ÜBERZEUGT.

ILLUSTRATOR: ROLAND SCHWARZ

Schon wenige Monate nach Kampagnenstart entdeckten wir auf einem Fan-Transparent bei einem Grand-Slam-Turnier: „Sind wir nicht alle ein bisschen Boris?“ Da wussten wir, der Slogan ist dort gelandet, wo ein guter Slogan hinmuss. Er kam nicht aus dem Volksmund, sondern er ist in den Volksmund übergegangen.

Der größte Fehler in der Marketingkommunikation ist, die marketingstrategischen Zielsetzungen direkt in kommunikationsstrategische Maßnahmen umzusetzen. Man nennt das:

## „ILLUSTRATED MARKETING“.

Auch wenn die verfeinerte Konsumenten- und Zielgruppenforschung dazu verführt, den einzelnen Zielgruppen die Kommunikation vorzusetzen, die sie vermeintlich wirklich wollen. Man muss sich schon etwas mehr einfallen lassen, um die entsprechenden Inhalte lernen zu lassen.

Egal, in welchem Medium man erscheint. Egal, wie intensiv man präsent ist. Egal, in welchem Lifestyle-Rahmen man auftritt: Erst eine spannende Geschichte, in der sich der Absender als sympathisch erweist und die überraschend und involvierend wirkt, kann die Botschaft überzeugend verankern.

Diese Erkenntnis steht am Ende einer Entwicklung, in der der gesellschaftliche Umgang mit Werbung alles andere als unverkrampft war. Jungs erste persönliche Auseinandersetzung mit Werbung fand im Rahmen des Deutschunterrichts in einem Referat über Vance Packards „Die geheimen Verführer“ statt.

Natürlich war er tief empört über diese Machenschaften und nahm ambitioniert Stellung. Er war 15 Jahre alt. Und wie es der italienische Philosoph, Historiker, Literaturwissenschaftler und Politiker Benedetto Croce einmal formulierte: Wer vor seinem dreißigsten Lebensjahr niemals Sozialist war, hat kein Herz. Wer nach dem dreißigsten Lebensjahr noch Sozialist ist, hat keinen Verstand.

Politisch korrekt und somit akzeptabel war damals lediglich die Kommunikation eines funktionalen Produktnutzens. Infolgedessen lag die große Versagensangst von Werbern und ihren Auftraggebern lange Zeit vor allem im Bereich der zu vermittelnden Inhalte. Also der Botschaftsfindung bzw. der Botschaftserfindung. Und seltener beim kreativen Vermittlungsprozess!

Das „Was“ war oft wichtiger als das „Wie“.

Eine Tatsache, die sich eben auch im strategischen Vorgehen zeigte: Je nach Unternehmen und persönlicher Erfahrung legte man bei Erarbeitung der klassischen Copy Strategy traditionsgemäß viel Wert auf eine seriöse und greifbare Festlegung der Zielgruppe, des Produktnutzens und aller die Glaubwürdigkeit stützenden Argumente. Und kaum Wert auf eine präzise Analyse des Wettbewerbs.

Eine militärische Weisheit besagt, dass jeder Schlachtplan nach der ersten Feindberührung überholt ist. Genauso gilt für Marketingkommunikation:

JEDE STRATEGIE MUSS NEU AUSGERICHTET WERDEN,
SOBALD DER WETTBEWERBER DEN PLATZ BETRITT.

JUNG v. MATT
Ist es nicht ungerecht, daß Ihr Müll immer Mercedes fährt und Sie nicht?
Einen günstigen Mercedes und dazu noch 500 Lufthansa Meilen:
Das kriegen Sie bei Sixt. Buchen Sie unter Telefon: 0 89/66 69 50.
Sixt
Autovermietung
Budget
rent a car

**SIXT RENT A CAR „MÜLLWAGEN", PRINT 1993:**

EINE VON ÜBER HUNDERT UMSETZUNGEN DES IMMER WIEDERKEHRENDEN THEMAS: MERCEDES ZUM GÜNSTIGEN PREIS. DIE SIXT-WERBUNG STEHT PROTOTYPISCH FÜR DAS, WAS WIR MIT DER METAPHER DES TROJANISCHEN PFERDS MEINEN: SIE KOMMT JEDES MAL NETT VERPACKT DAHER, ENTHÄLT ABER IM KERN IMMER EIN KONKRETES ANGEBOT.

FOTOGRAF: WILLIE VON RECKLINGHAUSEN

In der Praxis ist diese Flexibilität selten. Das hat einerseits mit der hierarchischen Position von Kommunikationsaufgaben in Unternehmen zu tun. Wenn eine Strategie endlich einmal ganz oben abgesegnet ist, halten sich alle bis unten daran fest.

Es hat aber noch mehr damit zu tun, dass bei vielen Herstellern bzw. Dienstleistern die Wettbewerber und ihre Leistungen tabu sind. Ein grober Fehler deshalb, weil die Verkennung des Wettbewerbs zu völlig falschen Weichenstellungen führt.

Dieser Wettbewerb, der um das heute heiligste und begehrteste buhlt – die Aufmerksamkeit und das Interesse der Zielgruppe –, der so genannte Awareness-Wettbewerb, wird in der klassischen Copy Strategy nicht explizit berücksichtigt. Es würde sonst nicht nur eine Source of Business, sondern zum Beispiel auch eine Source of Potential Interest geben.

Und es würde einem Bestandteil der Copy Strategy eine deutlich höhere Aufmerksamkeit und seriösere Behandlung zuteil werden: der Tonalität.

SOUVERÄN,
DYNAMISCH,
ÜBERZEUGEND,
SYMPATHISCH,
MODERN,
OFFEN.

Nein, das ist keine Bekanntschaftsanzeige in der Frankfurter Allgemeinen, sondern die übliche Tonality-Vorgabe im Briefing eines Markenartiklers.

Es ist immer wieder erschreckend, wie oberflächlich die Tonalität definiert wird, wie gedankenlos ein paar Begriffe hingeschrieben werden, die nur eines zum Zweck haben: keinem wehtun, keinen erschrecken, keinen Widerspruch provozieren. Kurzum: keine Stellung beziehen.

Welche Marke will schon unsouverän, undynamisch, unüberzeugend auftreten? Wirklich zielführend für die kreative Arbeit sind nur Begriffe, deren Gegenteil genauso einen Sinn ergibt. Zum Beispiel: laut oder leise, populär oder exklusiv, autoritär oder jovial. Beide Pole sind als Tonalität denkbar.

Aber woher soll man auch in diesem Stadium der Entwicklung bereits wissen, in welche Richtung die Kreativen denken und arbeiten werden? Also wählt man Nebelbegriffe, die irgendwie im Zusammenhang mit den anvisierten Konsum- und Lebenswelten der Zielgruppe stehen. Und keinesfalls die Kreativen beschränken oder einengen.

Welche Bedeutung hat sie aber wirklich, die Tonalität?

Zum Vergleich: Bei Benefit oder Reason-why lässt sich schnell konkret werden. Hier kann man direkt auf ein dickes Bündel von Erfahrungen und Beispielen zurückgreifen. Und sofort die entsprechenden Angebote des Wettbewerbs ins Verhältnis dazu setzen.

Es ist relativ einfach, sich über den eigenen Produktnutzen zu äußern, der einen weit über die anderen erhebt. Sofern man sie denn hat, die berühmte Alleinstellung auf Produktebene.

Was allerdings heute kaum noch der Fall ist. Der klassische USP (Unique Selling Proposition) scheint praktisch ausgestorben zu sein. Die Chance auf Differenzierung – das primäre Ziel von Werbung überhaupt – ist auf dem Feld des rationalen Produktnutzens geradezu ausgeschlossen.

Auch die berühmte Markenartikelqualität ist nichts mehr, das herauszustellen sich lohnt. Qualität und Hersteller- bzw. Händlergarantien sind bereits eine Conditio sine qua non für jeden, der in einen Markt eintreten will.

Oft bleibt nur eine Differenzierungschance: die kommunikative Differenzierung. Die Möglichkeiten für differenzierenden Produktnutzen sind endlich, die Möglichkeiten für differenzierende Inszenierungen sind unendlich. Oder, wie es Picasso einmal ausdrückte:

ES GIBT
VIELE WAHRHEITEN.
DENN GÄBE ES NUR EINE,
WÄRE ES NICHT MÖGLICH,
ZU EIN UND DEMSELBEN THEMA
HUNDERT VERSCHIEDENE
BILDER ZU MALEN!

Damit wird die Tonalität in den gesättigten Verdrängungsmärkten heute zum wesentlichen Treiber in der Copy Strategy. Gerade hier liegt die Chance für Einzigartigkeit. Sicher, kein Werber möchte auf die thematische Sicherheit eines Produktnutzens verzichten. Schließlich muss jedes Stück Kommunikation seine Story haben, jedes Produkt seinen Nutzen.

Nur ist heute ein Produktnutzen in der Regel nicht mehr das, was eine Marke einzigartig, begehrlich und attraktiv macht. Ein Produktnutzen ist einfach zu schnell vom Wettbewerb einholbar. Man denke nur an die vielen innovativen Ideen auf der CeBIT: Einmal gezeigt, und schon bieten es alle an. Wenn nicht sogar alle zugleich auf dieselbe Ideenroute gekommen sind ...

Es ist also nicht der rationale Nutzen, der Verbraucher an eine Marke bindet. Es ist vielmehr das emotionale Band, das erfolgreiche Marken zum Verbraucher zu knüpfen imstande sind. Eine emotionale Verbindung, die auf die Art und Weise zustande kommt, wie die Marke mit den Konsumenten kommuniziert.

Im Kern funktioniert professionelle (Massen-)Kommunikation auch nicht anders als die ganz normale zwischenmenschliche Kommunikation. Überlegen Sie mal kurz: Worüber sprechen die Leute um Sie herum so im Allgemeinen? Immer nur über Weltbewegendes? Hat jeder von denen, die Sie persönlich ganz besonders schätzen und denen Sie sich nahe fühlen, ständig etwas wirklich Neues zu bieten oder zu berichten?

Wohl kaum. Im Allgemeinen verhalten sich die meisten Menschen immer gleich. Sie reden viel oder wenig. Sie trinken viel oder wenig. Sie gestikulieren viel oder wenig. Sie lachen gern oder ungern. Und sie reden alle über das Gleiche: die aktuellen Themen der Gegenwart. Politik, Gesellschaft, Klatsch, Sport, Fernsehen, Kino, Musik etc. Also über das, was in der Bild-Zeitung, der Tagesschau etc. thematisiert wird. Kein Wunder, die Medien sind ja nur Abbild des öffentlichen Interesses, sie haben die menschlichen Interessen schließlich nicht neu erfunden.

Was also macht dann die Kommunikation mit denjenigen so anders und so reizvoll, zu denen Sie eine besondere emotionale Bindung aufgebaut haben, wenn es nicht der Neuigkeitswert der Gespräche ist?

Es ist die ganz persönliche Art und Weise, wie sich Ihre Lieblinge und Freunde mit den Dinge auseinander setzen. Die Art, sich auszudrücken. Die Art, an Dinge heranzugehen. Das, was den ganzen Menschen ausmacht. Das ist es, was ihn unverwechselbar macht. So, dass Sie ihn sofort wiedererkennen, selbst wenn er völlig anders gestylt ist, zum Beispiel nach Friseur, Sonnenbank und Personal Trainer. Oder nach der kosmetischen Chirurgie. Selbst wenn er für sich glaubt, ein anderer geworden zu sein.

Das ist gemeint mit Tonalität, das ist die Kraft von Tonalität. Eine Tonalität, die ein wirkliches Momentum auslöst.

Und das erhebt erfolgreiche Marken über die gemeinen Produkte. Selbst wenn diese in Blindtests oder ähnlichen Qualitätschecks sogar besser abschneiden: Es nimmt ihnen keiner ab. Es mag sie keiner so sehr wie das Original.

Apropos Original: Die Authentizität von Marken, also das, was sie zu einem Original macht, hängt direkt davon ab, ob ihre inhaltlichen kommunikativen Werte Bestand haben. Oder ob sie nur formale Bestandteile aufzuweisen haben. Realität ist, was man dazu macht.

Ein gutes Beispiel dafür bietet Sixt. Der erste Achtungserfolg der Marke gelang mit der Botschaft: der 190er zum Golf-Tarif. Der Durchbruch der Marke mit dem Angebot: First Class fahren, Economy zahlen. Die Konsolidierung durch ein Dauerfeuer von Innovationen: top-ausgestattete Premiumautos als Standard-Angebot. Porsche 911, Harley Davidson, alle neuen Mercedes-Modelle für jedermann und leistbar. Handys zum Mietwagen, Auto mieten am Automaten, Navigationssysteme, zuletzt e-Sixt. Immer war Sixt der Erste, der solche Leistungen anbot. Oder zumindest derjenige, der sie am lautesten verkündete.

Auch formal trat Sixt schon immer homogen auf: Der Sixt-Look erstreckt sich konsequent von der Kleinanzeige über alle Flughafen-Promotions, Flyer und Innenspiegelhänger bis hin zum Bürostuhl am Counter.

Das hält zwar alles zusammen, macht allein aber den kommunikativen Erfolg von Sixt nicht aus. Zumal sich über die Jahre die Marke im Look dreimal gehäutet hat. Die eigentliche Kraft liegt tiefer: in der immer wieder überraschenden, provokanten Tonalität des Preis- und Angebotsaggressors.

Obwohl es inzwischen geradezu chic ist, seinen Wagen bei Sixt zu mieten, ist Sixt die aufregende Marke mit Freibeuter-Appeal geblieben. Sonst hätten die zahlreichen Offensiven der Wettbewerber auf Produktebene die Marke schon lange in ernsthafte Bedrängnis bringen können.

Als Sixt-User bekommt man eben einen Teil Cleverness automatisch mit dazu. Man ist ebenso selbstbewusst, frisch, mutig und ungeniert wie die Marke selbst. Ein Ergebnis der Kommunikation: Die Tonalität ist sich selbst immer treu geblieben. Und mit ihr ist sich auch die Marke treu geblieben. Damit ist sie ein Original geworden, eine Marke mit unverwechselbarem Profil.

Hier liegt also die Herausforderung der Zukunft für uns alle: das Erschaffen, sorgsame Aufbauen und konsequente Pflegen einer Markentypik, die weit über das Formale hinausgeht.

Die Kommunikationsstrategie ist damit von der Marketingsubstrategie zur treibenden strategischen Kraft aufgerückt, die innerhalb des Marketingmix den entscheidenden Beitrag zur Uniqueness von Marken leistet. Und die Tonalität vom Mauerblümchen zum Differenzierungsfaktor Nummer eins.

Aber auch diese Erkenntnisse sind kein Allheilmittel: Checklisten allein sind nun einmal keine Erfolgsgaranten, sie helfen nur dabei, so wenig wie möglich falsch zu machen. Sie gehören zu den „Stützrädern des Marketings", über die wir im zehnten Kapitel ausführlich berichten wollen.

CHECKLISTEN KÖNNEN SOGAR
GEFÄHRLICH SEIN. WEIL SIE EINE
**TRÜGERISCHE SICHERHEIT**
VERMITTELN UND OFT DEN BLICK
FÜR DAS WESENTLICHE VERSPERREN.

Ein drastisches Beispiel dafür ist der Absturz der Swissair 111 vor Halifax. Plötzlich war Rauch im Cockpit. Wäre der Pilot seinem Bauch gefolgt, wäre er sofort in den steilen Sinkflug gegangen und hätte die Maschine und vor allem die Passagiere retten können. Doch er folgte seinem Kopf und verlor entscheidende Zeit beim vorschriftsgemäßen Durchgehen der Checkliste, die im Fall von Brandausbruch an Bord einzusetzen ist.

Auch im unbarmherzigen Verdrängungskampf der Marken muss man Instinkt zeigen. Und da helfen einem weder mechanistische Formeln noch Erfolgsstrategien.

Ganz im Gegenteil: Jeder, der eine bewiesene Markenerfolgsstory mit der eigenen Marke nachspielt, wird niemals aus dem Schatten des Originals herauskommen. Oder, um es nochmals zu betonen: Wer Ideallinie fährt, wird nie überholen können – auch wenn die Ideallinie die schnellste Möglichkeit ist, eine kurvenreiche Strecke zu meistern!

Und ob die gewählte Kampflinie richtig war, zeigt sich erst am Ende des Rennens. Aber dann wird das Ganze bestimmt als strategischer Sieg gefeiert! Denn wie Dr. Wolfgang Armbrecht, Marketingleiter von BMW Deutschland, immer zu sagen pflegt: „Strategie ist die Beschreibung der Realität im Nachhinein – jedenfalls, wenn es gut gelaufen ist!"

# 7. KAPITEL

# DIE BESTEN STRATEGEN SIND GENIAL UND FAUL

## ÜBER DIEJENIGEN, DIE DEN KREATIVEN DEN WEG LEUCHTEN SOLLEN

Wenn Jung bei einem Herrenausstatter einen Zweireiher angeboten bekommt, sagt er gewöhnlich: Das bin ich nicht. Er sagt nicht: Das gefällt mir nicht. Oder: Das brauch ich nicht. Sondern: Das bin ich nicht. Wenn wir einem Auftraggeber eine Idee vorschlagen, hören wir immer wieder mal: Das ist nicht BMW. Oder: Das ist nicht Wella.

Ist die Idee deshalb falsch? Oder ist sie gerade richtig? Sieht Jung in einem Zweireiher wirklich unvorteilhaft aus? Oder im Gegenteil viel besser als in diesen Richard-James-Anzügen, die er immer trägt? Würde er vielleicht sogar mehr Kompetenz ausstrahlen? Oder mehr Entschlossenheit?

Wie im zweiten Kapitel bereits gestreift, ist Kommunikation sicher auch ein Weg, ein Image zu bestätigen, aber noch viel mehr ein Weg, ein Image gezielt zu verändern, zu verbessern, zu fokussieren. Kommunikation ist die Kraft, die ein hohes Momentum auslösen muss und nicht nur zustimmendes Nicken. Müsste Kommunikation nur ein vorhandenes Image absichern, würde es sich in der Regel nicht lohnen, so viel Geld dafür auszugeben.

Zu unserer grundsätzlichen Skepsis bei Pretests kommt eine besondere Skepsis, wenn beim Verbraucher abgefragt wird: Passt diese Idee zur Marke?

Wenn die Post von den Verbrauchern bis vor einiger Zeit als undynamisches, nicht kundenorientiertes Unternehmen gesehen wurde, darf eine Werbeidee, die zum Ziel hat, dieses Image zu verändern, nicht zur Marke passen. Sie muss einen Widerspruch auslösen.

Natürlich muss der Widerspruch – wie alles in der Werbung – wohl dosiert sein und darf nicht zu einem Bruch führen. Er muss an der Grenze der Glaubwürdigkeit sein, aber nie jenseits. Ganz an der Grenze kann er das höchste Momentum erzeugen, jenseits erzeugt er so wenig wie der Rufer in der Wüste.

Um in der schwierigen Frage, was bewegt ein Markenimage in die richtige Richtung und was bewegt nur Mediagelder, Sicherheit zu erzielen, hat unsere Industrie den strategischen Planer erfunden. Eine Instanz für die Analyse und Planung von Markenbotschaften.

Grundsätzlich sind wir Werbeleute sowieso die Spezies unter den Kreativen mit den meisten Auflagen und Beschränkungen, weil unsere Kreativität zielgerichtet sein muss.

## WIR WERDEN DAFÜR BEZAHLT, MIT ZIELKONFLIKTEN UMZUGEHEN.

Was für Freiheiten hat doch ein Schriftsteller oder ein Bildhauer im Vergleich zu uns! Insofern kommen als Werbekreative nur Leute in Frage, die „auf engem Raum ein Tor schießen" können, wie man im Fußball sagt, die also nicht viel Freiraum brauchen, um zu zählbaren Treffern zu kommen.

Von Matt fühlt sich als Kreativer in der großen, weiten Freiheit völlig verloren. Schon als Schüler tat er sich sehr schwer, wenn ihn der Lehrer das Thema des Aufsatzes selbst wählen ließ. Das waren jedes Mal schwere Stunden für ihn, denn er braucht die Herausforderung eines konkreten Problems, um Kreativität zu entwickeln. Er blühte auf, wenn der Lehrer zum Beispiel das Thema vorgab: „Der kränkelnde Greis in einer modernen Welt". Diese Art von Not macht ihn erfinderisch.

Auch innerhalb einer Werbeagentur arbeiten viele Kreative mit engen Vorgaben motivierter und zielsicherer, unabhängig davon, ob sie vom Auftraggeber direkt kommen oder ob sie von einem Planer vorgegeben werden.

Andere beginnen lieber im Dunkeln und produzieren ihre ersten Ideen sozusagen nach Gefühl. Doch spätestens bei der Beurteilung dieser Ideen ist jemand gefordert, der Licht in die Sache bringt.

Die Arbeit des strategischen Planers hilft aber nur weiter, wenn sie präzise ist. Insofern muss man einem Planer blind vertrauen können. Kann man das nicht, steht er einem nur im Weg. Denn einem Planer, dem man misstraut, wird man immer hinterherrecherchieren.

IN DER KOMMUNIKATION
IST ES WIE AUF DEM GÜTERBAHNHOF.
WER DIE ERSTE WEICHE FALSCH STELLT,
LANDET WEIT VOM ZIEL ENTFERNT,
AUCH WENN ER ALLE WEITEREN
WEICHEN RICHTIG STELLT.

DAS BIER
WAR KLASSE.
FE-SHOW
ASTRA
URTYP
Astra. Was dagegen?

**ASTRA „PEEP-SHOW“, PLAKAT 1998:**

WIE DIFFERENZIERT MAN EIN PRODUKT, DESSEN ZUSAMMENSETZUNG DURCH EIN REINHEITSGEBOT DEFINIERT IST? NACHDEM SICH DIE MEISTEN PILSMARKEN PREMIUMBIER NENNEN UND IN DER WERBUNG WIE CHAMPAGNER AUFTRETEN, WAR DER KONTER VON ASTRA ÜBERRASCHEND UND ERFRISCHEND ZUGLEICH. LEIDER VERLIESS UNS DER ETAT MIT DEN MACHERN DOMINIK PHILIPP UND HARTWIG KEUNTJE.

FOTOGRAF: CHON CHOI, C/O DANIELA WAGNER

Wenn ein Planer aber lückenlos analysiert und die richtigen Schlüsse daraus zieht, kann er einem viel Mühe und viel Zeit sparen. Und Zeit ist im kreativen Prozess eine wichtige Größe.

Das Problem ist in der Praxis allerdings oft, dass die Planer und die Kreativen aus Zeitgründen gleichzeitig starten müssen, obwohl der Kreative eigentlich auf den abgeschlossenen Strategiejob angewiesen ist. Oft ist es so, dass Strategie und Kreation parallel loslegen, sich dann aber irgendwo synchronisieren. Die Kreation beginnt auf der Basis des Kundenbriefings, also ohne allzu eng definierte Strategie. Die Strategie beginnt gleichzeitig und wühlt sich in den ganzen Fall rein. Die Kreation legt mehr oder weniger unbelastet los, und dann trifft man sich und nähert sich an, bis man den gemeinsamen Weg gefunden hat.

DEN KREATIVEN PROZESS SO ZU ORGANISIEREN,
DASS RAUM FÜR INSPIRIERENDES CHAOS ÜBRIG BLEIBT,
ABER DENNOCH ZUR

RICHTIGEN ZEIT

EIN BRAUCHBARES ERGEBNIS VORLIEGT,
GEHÖRT ZU DEN GRÖSSTEN HERAUSFORDERUNGEN
EINER WERBEAGENTUR.

Die Hauptvoraussetzung für herausragende Kreation ist: Single-Mindedness. Und der Haupteffekt von gutem Planning ist Single-Mindedness. Leider setzt diese Form der Eindeutigkeit Opferbereitschaft voraus. Man muss sich von Botschaften trennen, was ein Auftraggeber nur ungern tut: „Es schadet doch keinem, wenn wir hier noch unser letztes Urteil von der Stiftung Warentest, unsere unverbindliche Preisempfehlung und unsere Telefonnummer einfügen." Doch, es schadet dem Momentum.

Gerade bei uns in Deutschland fällt Konzentration auf das Wesentliche besonders schwer. Wir sind auf Korrektheit und Komplettheit stolz. Auf den Brockhaus und den Duden. Auch im Managementlehrgang wird Menge gepredigt: Wer viel kriegen will, muss viel fordern. Doch in der Kommunikation bringt Bescheidenheit mehr:

WER VIEL KRIEGEN WILL,
MUSS WENIG FORDERN.

Warum? Ganz einfach: Viel fordern funktioniert nur mit Abhängigen, bei Kommunikation hat man es aber mit freien Menschen zu tun, die nach Lust und Laune selber entscheiden, ob sie auf Ihre Forderungen eingehen.

Aus diesen Gründen ist strategische Planung eine entscheidende Disziplin der Werbung geworden. Fragt man Karen Heumann, die Vorsitzende des Deutschen Planerverbandes, ist diese Disziplin sogar die dritte Säule des Agenturgeschäfts.

Unsere Haltung als Agentur war lange: Der ideale Planer ist ein Kreativer. Auch wenn seine Begabung und Ausbildung ihn nicht zum Strategiejob prädestiniert, er also von vornherein als Planer nur zweitklassig ist, bietet er den Vorteil, der für die Zusammenarbeit von Planung und Kreation entscheidend ist: Er arbeitet zwangsläufig integrativ. Alles strömt aus einem Hirn.

Die natürlichste Form von Kongenialität ist nun mal, wenn Strategie und Kreation aus ein und derselben Quelle kommen. Zwischen Vordenken und Ausdenken gibt es keinen Bruch, keinen Knick, sondern den direkten Draht. So arbeiteten die kreativsten Agenturen jahrzehntelang: mit starken kreativen Persönlichkeiten, die beide Funktionen integrierten.

Heute sind wir anderer Meinung: Der ideale Planer ist ein Planer. Auch deshalb, weil der Job des Kreativen so anspruchsvoll geworden ist, dass er sich um die Strategiefindung nicht mehr kümmern darf. Gute Kreative sind selten. Also muss man ihre Energien für das schonen, was ihnen keiner abnehmen kann: die Ideenproduktion. Mehr denn je muss sich der Kreative konzentrieren und den Konzeptionsjob delegieren. Das bedeutet zwangsläufig: Der strategische Planer muss dem Kreativen zuarbeiten. Er muss sich ihm unterordnen.

Ein Planer hört das natürlich nicht gerne. Verständlich, wenn man bedenkt, dass er in der Regel um einiges intelligenter und gebildeter ist als der Kreative. Vielleicht kann er sich damit trösten, dass auch in der Formel 1 oft ein Superhirn von Konstrukteur einem Halbwahnsinnigen zuarbeiten muss, der den größten Teil seiner Hirnmasse im Hinterteil trägt.

Bei Jung von Matt gibt es keine strategischen Planer, sondern nur Effizienz-Planer. Warum haben wir den Planerjob anders interpretiert? Wir hatten uns im Markt umgesehen und den Eindruck gewonnen, dass es gerade in Deutschland sehr viele „Placebo-Planer“ gibt.

Damit meinen wir die vielen eloquenten Charismatiker in unserer Branche, die den Auftraggebern ein gutes Gefühl geben, indem sie ihnen intelligente Stunden bescheren, statt konkret den kreativen Prozess zu beleben. Planer, die mehr New-Business-Waffe als Effizienzverbesserer sind. Planer, die Werbung zu dem machen wollen, was ihr handkehrum die Luft abschneidet: zu einer Wissenschaft.

Wenig Raum kann Energien freisetzen, wenig Luft nie.

WER DEM VERBRAUCHER DEN ATEM RAUBEN WILL,
DARF DEM KREATIVEN NICHT DIE LUFT NEHMEN.

Wir wollten vom Planer nicht nur wissen, wie wir am besten beim Verbraucher landen können. Wir wollten auch, dass er die Landebahn mit Inspiration befeuert. Dass er ungewöhnliche Methoden findet, um uns Wissen und Wünsche unserer Zielgruppen vor Augen zu führen.

Als wir einmal für ein Kinderprodukt warben, waren wir mit dem Problem konfrontiert, dass die wenigsten Kreativen irgendwelche Berührungspunkte mit 8- bis 12-Jährigen haben. Dazu kam, dass die ganze empirische Forschung, die wir finden konnten, in Theorie erstarrte. Also ließ unser Planer eine Schulklasse Aufsätze über Werbung schreiben. Die Schulklasse freute sich über den ausrangierten Apple, den wir ihr dafür stifteten. Und die Kreativen bekamen ein Live-Erlebnis, das konventionelle Marktforschung nicht vermitteln kann.

Maya, 10, schrieb zum Beispiel: „Ohne Werbung wäre große Unordnung im Fernsehen. Ein Film würde nach dem anderen kommen.“ Und: „Ich finde Ricola gut. Wenn der Mann singt, hört sich das so lustig an, dass ich so lachen muss, dass ich vom Rest der Werbung gar nichts mehr mitkriege.“ Gut zu wissen.

Eine andere ungewöhnliche Methode half uns, als wir einen Auftraggeber überzeugen wollten, dass die Entscheidung für sein Produkt nicht nur Mann und Frau involviert, sondern auch die Kinder ein Wort mitreden. Oder zumindest eine Art Vetorecht ausüben. Unsere Planer gingen auf Schulhöfe und filmten Jugendliche, wie sie über das zu bewerbende Produkt sprachen. Respektlose Sätze fielen. Von „peinlich" und „eingestaubt" war die Rede. Selten haben wir einen Vorstand so gebannt auf einen Bildschirm starren sehen.

Besonders wichtig ist, dass die strategische Planung mit der Kampagnenentwicklung nicht endet, sondern jeden Etat permanent begleitet. Mit regelmäßigem Kundenkontakt, mit Markentagen, und vor allem mit permanenter Effizienzkontrolle. Denn wir glauben, dass man bei der Arbeit an einer Kampagne nicht wie früher brav und blind auf einer Schiene fahren kann, sondern die exponentiell steigende Trenddynamik absorbieren muss.

Getreu dem Motto: In einem sich wandelnden Umfeld kann nur derjenige der Gleiche bleiben, der sich ständig verändert. Und zwar gezielt verändert. Aus diesem Grund haben wir dem Planer bei Jung von Matt einen eigenen Namen und eigene Aufgaben gegeben.

Wir erwarten zum Beispiel Problemorientierung. Der Effizienz-Planer soll sich zu 100 % um das Problem kümmern, sodass der Kreative sich zu 100 % um die Lösung kümmern kann. Je weniger Überschneidung entsteht, desto besser für das Ergebnis. Sie wissen ja, was viele Köche mit einem Brei anstellen.

Dabei ist der Planer für die Inspiration zuständig. Nicht für Regulation. Und schon gar nicht für ein Diktat.

Wie bereits beschrieben: Mehr denn je muss Werbung so richtig wie nötig und so faszinierend wie möglich sein. Und nicht umgekehrt. Das heißt: Die Pflicht muss genügen, die Kür muss begeistern. In vielen Agenturen versucht man aber, die Pflichtnote, also die Korrektheit, auf die Spitze zu treiben. Man verwendet Checklisten und entscheidet sich für die Lösung, die die meisten Haken erzielt.

Was wir als Zweites vom Effizienz-Planer erwarten, ist gezielte Ernüchterung. Wie es sich herumgesprochen haben dürfte, tendieren wir Werbeleute dazu, uns etwas wichtiger zu nehmen, als wir sind. Nur weil unsere Filme im Fernsehen öfter wiederholt werden als die von Steven Spielberg, nur weil unsere Plakate größer sind als „Das Meer bei L'Estaque" von Paul Cézanne, halten wir uns für

THE MASTER OF THE UNIVERSE.

Römische Feldherren müssen ein ähnliches Problem gehabt haben. Denn jeder von ihnen hatte bei seinen Triumphzügen stets einen Sklaven mit auf dem Wagen sitzen. Seine Funktion: Er sollte den Feldherrn beschimpfen und niedermachen, damit dieser nicht größenwahnsinnig wurde.

Der Planer soll die Kreativen stets auf den Boden der Normalität und der Verkaufszahlen zurückholen. Er soll sie ermahnen, dass es nicht darum geht, eine Werbeagentur berühmt, sondern eine

PORSCHE
So baut man Sportwagen
Übrigens: Auch eine Probefahrt dauert im 911 nicht lange. Nicht, weil er schnell fährt. Sondern, weil er schnell überzeugt.
Porsche empfiehlt: Fahren Sie vorsichtig!
Sie können länger frühstücken.
Sie sind früher zum Abendessen zurück.
Gibt es ein besseres Familienauto?

**PORSCHE „FAMILIENAUTO", PRINT 1992:**

WEIL SIE MIT GEWOHNTEM BRACH, POLARISIERTE DIESE KAMPAGNE VOM ERSTEN TAG AN: DIE MARKANTEN FARBEN. DIE BEWEGUNGSUNSCHÄRFE. UND NICHT ZULETZT DIE SCHLAGZEILEN. NATÜRLICH WAR ES IRONISCH GEMEINT, DEN PORSCHE 911 ALS FAMILIENAUTO ZU PRÄSENTIEREN. DOCH VIELE NAHMEN ES ERNST UND NÄHRTEN DAMIT UNSERE THESE: IRONIE IST GLÜCKSSACHE.
DIE NÄCHSTE SCHLAGZEILE LAUTETE DANN: „SEIT ÜBER 100 JAHREN MACHEN AUTOS UNABHÄNGIG. EINS MACHT ABHÄNGIG."

FOTOGRAF: UWE DÜTTMANN

Verbrauchermarke begehrt zu machen. Und dass ihre Triumphe letztendlich an quantitativen Zielen gemessen werden. Wir sind überzeugt: Einem guten Kreativen hat dieser „Kontakt zum Bodenpersonal" noch nie geschadet.

Auch aus diesem Grund haben wir in unserer Agentur den Frontbericht des Effizienz-Planers eingeführt. Er hat nur zwei Rubriken – „schön" und „schlapp" – und schildert pünktlich zum Monatsanfang alle neuen Erkenntnisse über die Wirkung unserer Kampagnen.

Auch in anderen Werbeagenturen mag es selbstkritische Berichte zur Effizienz der eigenen Kampagnen geben. Doch bei uns werden diese Berichte jeden Monat allen präsentiert. Als regelmäßige Erinnerung, worum es in unserem Job letztendlich geht. Um messbare Ergebnisse.

Die dritte Leistung, die wir vom Planning erwarten, ist der „tödliche Pass". (Im Eishockey wird das Zuspiel zu einem Tor „Assist" genannt, was unsere These stützt, dass der Planer dem Kreativen zuarbeiten muss.)

Erfolgreiche Zuspiele haben, gleichgültig, ob im Sport oder im Kommunikationsjob, drei Eigenschaften: Der Pass muss völlig überraschend kommen. Die brillanteste Werbung entsteht oft dadurch, dass eine überraschende Strategie ohne kreatives Dazutun eins zu eins umgesetzt wird. Der Pass muss in den freien Raum gespielt werden. Der Planer muss dem Kreativen etwas Raum zum Agieren lassen, ihm vielleicht ein paar Alternativen bieten. Oft ist uns ein Briefing-Korridor lieber als ein einengender Schlüsselsatz. Und außerdem muss der Pass leicht kontrollierbar sein. Natürlich birgt Planung nicht nur Chancen, sondern auch Risiken. Ein Beispiel ist das Ich-will-Fakten-Fakten-Fakten-Risiko.

Warum macht kaum ein erfolgreicher Markenartikler seine Werbung selber? Weil er zu viel über seine Probleme weiß und keine gesunde Distanz mehr hat. Deshalb ist es absurd, wenn wir uns selbst in diesen Zustand begeben und alles mögliche Wissen in uns hineinstopfen. Zu viel Insiderwissen ist für den Kreativen hinderlich und für den Planer zumindest nicht förderlich. Wir glauben an Überblick und Augenmaß. Und

WIR GLAUBEN AN PARALYSE DURCH ANALYSE.

Apropos Wissen: Wie gebildet muss man sein, um gute Werbung zu machen? Oder anders: Wie gebildet darf man sein? Das hängt von der konkreten Aufgabe ab. Natürlich muss man die Kriterien eines IT-Fachmanns kennen, um einen Mainframe-Computer zu bewerben. Aber man braucht keine humanistische Bildung, um ein Speiseeis zu vermarkten. Vielleicht steht sie einem sogar im Weg und verhindert „Nogger Dir einen“. Immer wieder haben wir in unserer Laufbahn Kollegen erlebt, auf die die folgende Steigerung zutraf:

GESCHEIT,
GESCHEITER,
GESCHEITERT.

Die Tatsache, dass Planer in einer Werbeagentur gewöhnlich über die höchste Allgemeinbildung verfügen, verführt sie immer wieder dazu, auch kreativ Akzente setzen zu wollen: das Ich-kann-auch-kreativ-sein-Risiko.

Von Matts erster Job in der Werbung war in der Traffic-Abteilung. Er war sehr engagiert und konnte es nur schwer ertragen, dass er keinerlei kreativen Einfluss auf die Anzeigenvorlagen hatte, die er den ganzen Tag herumtragen musste. Deshalb hat er in jede Vorlage eine klitzekleine Ecke reingeritzt. Und jedes Mal diebisches Vergnügen verspürt, wenn er die Anzeige mit dem Fehlerchen dann in der Zeitung sah.

Leider verspüren Planer oft ähnliche Gelüste. Statt zu stimulieren, statt Freiräume zu schaffen, fangen sie an, konkrete Ideen zu entwickeln, und verlieren die nötige Distanz zum kreativen Produkt. Der ausgebildete Stratege ist ein suboptimaler Kreativer – genauso wie der ausgebildete Kreative ein suboptimaler Stratege ist.

Als Letztes möchten wir vor dem Ich-bin-mein-Gehalt-wert-Risiko warnen. Unsere Erfahrung ist: In vielen Fällen ist die richtige Strategie offensichtlich. Der Auftraggeber weiß genau, was seine Marke braucht. Und der Kreative fühlt es sofort. In diesen Fällen hat der Stratege den Job, der ihm oft am schwersten fällt: sich zurückzuhalten. Sein Zuspiel wird nicht gebraucht.

Oft fuhrwerkt ein Planer in einem Briefing nur deshalb herum, um seine Wichtigkeit zu unterstreichen und sein Gehalt zu rechtfertigen. So wird aus niedrigen Beweggründen ein Knick in eine gerade Linie hineingedacht oder ein Schlenker zu viel gemacht.

Wir haben einen großen Pitch nur deshalb gewonnen, weil wir blind dem Briefing des Auftraggebers gefolgt sind. Wir hatten keine Zeit und keine Leute, uns kritisch mit der Sache auseinander zu setzen. Die anderen Agenturen haben das getan und kamen zu ganz anderen strategischen Empfehlungen. Sie hatten einen Riesenaufwand. Und waren am Ende die Dummen.

Es ging um die Aufgabe, DEA als das kundenfreundlichste Tankstellennetz Deutschlands darzustellen. Einer unserer Wettbewerber stellte eine Studie an, die auswies, dass dem Autofahrer freundlicher Service völlig egal ist, nicht aber die Benzinqualität. So setzten die Kollegen auf eine Kampagne, die den Markenkern von DEA und die Erwartungen des Auftraggebers weit verfehlte.

Unsere Vorbehalte gegenüber Planern haben viel mit falschen Ambitionen und Übereifer zu tun. Auch hier ist „Viel bringt viel“ die falsche Devise. Gutes Planning ist vielmehr eine Mischung aus Genialität und Faulheit. Denn zu viele Fakten machen den Planer verrückt. Zu viele Planer machen den Kreativen verrückt. Und in klaren Fällen wie DEA sollte sich der Planer entspannt zurücklehnen.

Natürlich kann auch der Idealtypus eines Planers nicht immer weiterhelfen. Weil das, was er korrekt ermittelt hat, oft nicht in faszinierende Kommunikation umzusetzen ist. Zumal er durch seinen analytischen Hintergrund in der Regel rationale Thesen ableitet, faszinierende Werbung hingegen aber oft auf Irrationalem basiert.

Für Audi entwickelten wir immer wieder Werbung für den Vierradantrieb quattro. Die Marketing-Leute von Audi legten Wert darauf, die quattro-Modelle nicht als „Schneepflug" zu positionieren. Ganz einfach, weil die Relevanz eines schneetauglichen Antriebs bei den paar Tagen Schnee, die wir in Deutschland haben, auf eine zu kleine Zielgruppe trifft.

Unsere Effizienz-Planer gingen an die Arbeit und kamen mit der Formel „Der On-Road-Allrad" wieder. Also der erste Allrad, der nicht dazu da ist, Straßen zu verlassen, sondern, ganz im Gegenteil, auf der Straße zu bleiben. Wir entwickelten einen TV-Spot, der genau diesem Gedanken entsprach. Der Text: „Andere bauen Allradautos, damit Sie die Straße verlassen können. Wir bauen Allradautos, damit Sie auf der Straße bleiben." Der Spot war richtig, aber wenig faszinierend.

Zur gleichen Zeit hatte die amerikanische Audi-Agentur einen Spot entwickelt, der das perfekte Gegenstück war: faszinierend, aber wenig richtig. Er zeigte einen Eskimo-Papa und seinen Sohn, die Tierspuren im Schnee entdeckten, und er begeisterte ganz Deutschland. Wen interessierte noch die Schneepflugproblematik? Wir waren sklavisch dem Briefing gefolgt und haben den Kürzeren gezogen. Eindeutig zweiter Sieger. Geschlagen von zwei Eskimos. Ein werblicher Versuchsballon ließ unser abgesichertes Konzept alt aussehen. Warum passiert so etwas nicht öfter?

Jeder produzierende Betrieb denkt über Forschung und Entwicklung nach. Weil er besser und erfolgreicher werden will. Jeder Automobilhersteller investiert Geld, um auf neue Ideen zu kommen und neue Marktchancen zu prüfen. Erst recht jeder Pharmaproduzent. Aber auch jeder Limonadenhersteller, Großbäcker, Versicherer etc.

Warum gibt es diese Denke nicht in der immer wichtiger werdenden Kommunikationsindustrie? Warum gibt es hier keinen Forschungs- und Entwicklungsetat, mit dem man neue Wege ausprobiert? Wenn zehn Prozent eines Werbeetats in

F UND E

investiert würden, wäre Werbung morgen effizienter. Man würde nur unmerklich Werbedruck verlieren, aber könnte neue Faszinationsquellen entdecken.

Das Erlebnis, eine Kampagne zu haben, die ein hohes Momentum hat, kann ein neues Verhältnis zu Kommunikation bedeuten. Genauso wie die treulose Ehefrau, die plötzlich erkennt, was Liebe bedeuten kann. Viele Unternehmen leben glücklich mit ihrer kommunikativen Hausmannskost. Sie kennen ja nichts anderes. Doch eines Tages macht es „Zoom!“!

# 8. KAPITEL

# DER WEG DER MARKE VON DER FAHNE ZUM KLEID

## ÜBER IMAGES, IDENTITÄT UND IDENTIFIZIERUNG

Was hatte der NSU RO 80 davon, dass er die Designtrends der Automobilhersteller 20 Jahre im Voraus antizipierte? Die Hochachtung einiger Experten, aber kaum Markterfolg. Was hatte ein Internetpionier davon, dass er schon Ende der 80er Jahre Antworten auf Fragen hatte, die noch keiner stellte? Was hat ein Avantgardist der Mode davon, dass er einen neuen Stil prägt, der dann eine Saison später von den großen Marken zu Geld gemacht wird?

Im Marketing wird immer wieder beschworen, wie wichtig es ist, den „First Mover Advantage“ für sich zu nutzen, indem man der Erste am Markt ist. Das Paradebeispiel lautet: Lindbergh, der als Erster den Atlantik mit dem Flugzeug nonstop überquerte, ist berühmt geworden. Chamberlin und Levine, die es als Zweite taten, kennt kein Mensch. Auch nicht die Flieger Köhl, Fitzmaurice und von Hünefeld, die als Erste den Atlantik in Ost-West-Richtung überquerten und die somit die in Fliegerkreisen höher geschätzte Leistung vollbrachten.

Natürlich gibt es Branchen, in denen nur derjenige Frühkartoffelpreise erzielen kann, der sein Produkt als Erster anbietet.

Dennoch ist die Formel des First Mover Advantage infrage zu stellen. Wer zu spät kommt, den bestraft vielleicht das Leben.

Aber: WER ZU FRÜH KOMMT, DEN BESTRAFT DER MARKT.

Die Wirklichkeit der Marktwirtschaft zeigt: Konsequent zu sein ist oft wichtiger als Erster zu sein.

Das musste auch Harvey R. Ball spüren, der am 12. April 2001 in seinem Heimatort Worcester, Massachusetts, starb. Der Name wird Ihnen nicht viel sagen, und genau das war Balls größtes Problem. Denn wie jeder Mensch auf der Welt kennen Sie sein bekanntestes Produkt. Und bestimmt mögen Sie dieses Produkt, wenn es nicht zufällig auf Ihre Hauswand gesprüht wurde.

Harvey Ball ist der Erfinder des Smileys, des gelben Lachgesichts, das uns von Buttons, Tassen, Unterhosen und T-Shirts, aber auch von Verkehrsschildern und Hauswänden anlächelt. Zwei Punkte und ein Strich, die selbst einen Grabstein fröhlich aussehen lassen. Das

DREI-SEKUNDEN-MOMENTUM.

Es gibt kein Symbol, das mit weniger Aufwand mehr positive Emotion erzeugt.

Die Geschichte des lustigen Gesichts war für Ball deshalb nicht so lustig, weil er es versäumt hatte, sein Smiley als Bildmarke anzumelden. So konnte am Smiley jede Menge verdient werden. Nur Ball blieb dabei arm.

Den wahren Marktwert erkannte der Franzose Franklin Loufrani. Er ließ 1971 das Smiley in den USA und in 79 weiteren Ländern als Marke registrieren – natürlich mit Hinweis darauf, er habe das Grinsgesicht erfunden – und wurde damit steinreich. Sollten Sie demnächst beim Schreiben einer E-Mail oder SMS das Akronym :-) verwenden, gedenken Sie bitte seines wirklichen Erfinders!

Wie das Beispiel zeigt, kann die Investition in eine Marke einen unschätzbaren Wert bedeuten. Eine Marke ist zunächst etwas Dingliches. Dennoch sprechen wir von der Persönlichkeit einer Marke, ihrer Identität, ihrem Kern. Der Marke werden schon fast magische Kräfte zugeschrieben. Grund genug, dass die Marke als Erlebnis inszeniert wird. Das macht sie für Verbraucher und Rechteinhaber so wertvoll. Was ist nun aber der Unterschied zwischen einem Produkt und einer Marke?

Ein Produkt ist primär ein Funktionsmittel, eine Marke auch ein Profilierungsmittel. Natürlich unterschiedlich je nach Produktbereich: Mit einer Automarke profiliert man sich mehr als mit einem Korkenzieher. Obwohl – es kommt immer auf die persönlichen Interessen und das entsprechende Umfeld an. Mit einem BMW beweist dessen Fahrer nicht nur, dass er Wert auf technische Perfektion legt, sondern auch, dass ihm Sportlichkeit und Ästhetik wichtiger sind als Tradition und klassisches Chefgebaren.

Doch zurück zum Korkenzieher. Den bekommt man in jedem Drogeriemarkt hinterhergeworfen. Können Korkenzieher zu einem Markenartikel werden? Ein Weinkenner wird nur leicht mit der Augenbraue zucken. Für ihn macht es einen himmelweiten Unterschied, ob er sich einem 96er Margaux mit einem gemeinen Korkenzieher oder mit dem klassischen Château

MOMENT ...

MOMENTUM

Laguiole nähert. Ein himmelweiter Unterschied auch im Preis: der eine unter 2,50 Euro, der andere um die 100 Euro. Beide funktionieren. Aber nur einer hat ein wirkliches Momentum – unter der Voraussetzung, dass man ein Publikum hat, das die besondere Zeichenhaftigkeit dieses Produkts dekodieren kann.

In „No Logo" beschreibt die Journalistin und Globalisierungskritikerin Naomi Klein detailliert, wie es zu dieser Verschiebung von der Warenproduktion zur Imageproduktion kam und welche Folgen dies hat. So hat etwa Nike, eine der diesen Prozess anführenden Firmen, im Zeitraum zwischen 1987 und 1997 seine Werbeausgaben verzwanzigfacht.

Nike wirbt nicht für einen bestimmten Turnschuh, sondern Nike wirbt für Nike. Nicht mehr einzelne Produkte werden vermarktet, sondern das Image eines Konzerns.

NIKE VERKAUFT KEINE SCHUHE,
SONDERN TRÄUME, SICHTWEISEN, GEDANKEN.

Mit 20 Mio. US-Dollar hat Nike schon 1992 dem Basketballstar Michael Jordan für eine Werbekampagne mehr Geld bezahlt als der gesamten indonesischen Arbeitertruppe von 30.000 Menschen, die die Schuhe produzieren. Immer deutlicher zeigt sich also, dass nicht nur die Medien Kultur mit globaler Reichweite produzieren, sondern dass alle industriellen Sektoren an der globalen Produktion von Kultur beteiligt sind.

Microsoft, Apple, Nike, Swatch, Coca-Cola, Calvin Klein, Benetton, McDonald's und Body Shop sind mittlerweile ebenso einflussreich als Produzenten wie die klassischen Kulturproduzenten, etwa Time Warner und Walt Disney. Und auch wenn wir uns nicht wirklich darüber freuen können: Die Marke Body Shop hat es sogar ohne klassische Werbung geschafft.

Marken und ihr Symbolgehalt sind schon längst nicht mehr an geografische Grenzen gebunden. Was ein Nike-Schuh ist, weiß man sowohl in den USA als auch in Skandinavien wie auch in Südostasien. Entscheidend ist aber, dass man auch überall weiß, was es bedeutet, einen Nike-Schuh sein Eigen zu nennen. Globale Präsenz durch einen einheitlichen Markenauftritt, sicherlich auch begünstigt durch die neuen Medien, die das weltweite Handling eines Markenauftritts radikal vereinfacht haben.

Doch ein Punkt scheint uns in diesem Zusammenhang beachtenswert, hat er doch weitreichende Konsequenzen für Auftraggeber und Kunden. Folgt man nämlich dem amerikanischen Wirtschaftsjournalisten und Präsidenten des Thinktanks „Foundation on Economic Trends" in Washington, Jeremy Rifkin, wandelt sich die gegenwärtige Ökonomie zu einem Netzwerk zwischen Unternehmen, Lieferanten und Kunden. (Rifkin 2000)

Wir sind auf dem Weg vom Markt zum Netzwerk. Vom Eigentum zum Zugang,

## VOM BESITZER ZUM NUTZER.

Ein Automobilhersteller wird in Zukunft vielleicht keine Autos mehr verkaufen, sondern für die Zeitspanne, in der ein Wagen genutzt wird, eine Gebühr verlangen. Der Konsument bekommt dann immer das neueste Modell vor die Türe gestellt. Der Kontakt zur Marke erfolgt nicht nur einmal beim Kauf, sondern während der ganzen Nutzungszeit. Die Marke begleitet den Kunden und bekommt dadurch unzählig viele Möglichkeiten, mit dem Nutzer zu kommunizieren und ihm Zugang zu weiteren Angeboten zu unterbreiten.

Ford plant in Italien bereits, Kunden ein Rundum-Fahrerlebnis zu liefern. Das jeweils neueste Automodell, seine Versicherung, das Benzin, die Parkfläche, Autowäsche, sogar die Strafzettel werden von Ford übernommen. Niemand soll in 20 Jahren noch einen Ford kaufen. Dem Kunden wird der Zugang zur Netzwerkgesellschaft Ford eröffnet, zur mobilen Ford-Community.

Stellen wir uns Konsumverhältnisse auch als Form kultureller Repräsentation vor. Der Verwender präsentiert durch das Eintauchen in solche gemischten Produkt- und Erlebniswelten seine Zugehörigkeit zu einem bestimmten Lebensstil, zu einer bestimmten sozialen Schicht. Oder wie es Rifkin formulierte: „Kommerz funktioniert nicht ohne Kultur."

Der einflussreiche französische Soziologe Pierre Bourdieu hat soziale Anerkennung an den Erwerb von Zeichen symbolischen Reichtums geknüpft. (Bourdieu 1982) Das sind symbolische Eigenschaften, die eine unterscheidende Wirkung haben. Die also dazu beitragen, dass sich der eine vom anderen unterscheiden kann. Sie machen soziale Unterschiede und Ränge sichtbar.

Nicht das ökonomische Kapital – der materielle Besitz an Geld und Eigentum – sichert soziale Anerkennung, sondern das symbolische Kapital. Wer mehr symbolisches Kapital hat, wird stärker sozial wahrgenommen, dessen Existenz und Besonderheit wird anerkannt. Somit repräsentieren unterscheidbare Symbole eine Alles-oder-nichts-Grenze zwischen Verfügenden und Nichtverfügenden.

Allen Dingen und Praktiken wohnen – so gesehen – Unterscheidungsmerkmale inne. Ihren jeweiligen Wert, ihre grundlegende soziale Bedeutung beziehen sie aus ihrer relativen Stellung im Gesamtsystem unterscheidbarer Symbole. Das Handy hatte vor wenigen Jahren noch eine solche Funktion. Mittlerweile gibt es in Deutschland mehr Mobiltelefone als Festnetzanschlüsse.

Ein TV-Spot, der günstige Handy-Tarife bewerben sollte, zeigte einen Manager in seiner Limousine an einer Ampel, wo er gerade einen jungen Freak seine Scheiben waschen ließ. Plötzlich klingelt ein Handy. Der Manager sucht und sucht. Doch es ist der Junge, der in seine Jackentasche greift. „Und, wo ist die Pointe?", würde man heute fragen. Vor drei Jahren war dies noch ein überraschendes Skript. Das Produkt hat seine profilierende Bedeutung längst verloren.

Interessanterweise scheint die Unterscheidung zwischen ökonomischem und symbolischem Kapital auch für Unternehmen zu gelten. Um nochmals das Beispiel Nike zu bemühen: Die Nummer 1 der Sportwelt besitzt keine Produktionsstätten. Nike besitzt, überspitzt ausgedrückt, nichts außer einem guten Namen und Lizenzen. Symbolisches Kapital in Form einer Markenidee und eines Markennamens. Auch Adidas-Salomon weist eine Fertigungstiefe von nur 4 % auf.

Schon sehr früh erkannte McDonald's, dass das Verkaufen einer Idee mehr Geld bringt als das Verkaufen von Hamburgern. Die meisten Filialen gehören nicht McDonald's, sondern Partnern, die sich das Recht für die Namensverwendung auf Zeit von McDonald's gemietet haben. Entscheidend sind die Markenidee und der Markenname. Und die Möglichkeit, den Konsumenten den Zugang zu den Erlebniswelten der Marke zu eröffnen.

Das hat weitreichende Konsequenzen für den Auftritt einer Marke, da sich die Parameter der Kommunikation grundlegend geändert haben. Kulturelle Bedeutungen lassen sich nicht durch funktionalen Produktnutzen darstellen. Und wenn doch, wird man rasch erkennen, dass das Rationale, das den funktionalen Produktnutzen in den Vordergrund rückt, austauschbar wird.

Kein Geheimnis ist: Wir leben in der Zeit der Verdrängungsmärkte. Von allem und jedem gibt es eine riesige Auswahl. Kaum kommt ein neues Produkt auf den Markt, schlägt die Konkurrenz fast ohne Verzögerung ebenfalls zu. Denken Sie an den ersten kleinen digitalen Camcorder: erst JVC, dann Sony. Oder den probiotischen Joghurt LC1 – inzwischen müsste man geradezu contrabiotisch sein, um im Kühlregal noch aufzufallen. Oder vor jedes Kühlregal Kants „Kritik der Urteilskraft“ zur Lektüre auslegen. Ob in technischen Produktbereichen oder bei den Nahrungsmitteln, überall findet eine kontinuierliche Aufholjagd statt. Rationale Produktvorteile geraten dabei immer mehr ins Hintertreffen.

Es gibt zu viele, zu viel uninteressante, zu viel verwechselbare. In jedem Fall: zu viel! Und wenn es rational zu komplex wird, schaltet der Mensch auf emotional um. Ein Phänomen, das man bei politischer Werbung gut beobachten kann: Weil der Wähler im Wirbel der Wahlprogramme den Überblick verliert, orientiert er sich nur noch an Köpfen. Und wählt den, der ihm am vertrauensvollsten erscheint.

Die Folge: In der Kommunikation setzt man auf Gefühl. Man baut für Marken Gefühlswelten auf und schafft so emotionalen Mehrwert, der eine Marke über das banale Produkt erhebt und von der Konkurrenz abgrenzt. Die Praxis liefert uns dann ein Sperrfeuer der Klischeebilder:

BABY + HUND = FAMILIENGLÜCK,

lachende Frau + Blumenstrauß = Frauenglück, Schmuck + Herz = Liebe, weißhaariger Herr beim Angeln oder mit Enkel = sorgloses Alter, junge Leute mit altem amerikanischem Cabrio = jugendliches Angebot, grauhaariges Pärchen auf Harley Davidson = Vitalität im Alter, Mann bei Küchenarbeit = selbstbewusste Frau. Frei nach dem Motto: Show what you will get.

Zwar hilft dieses „Schubladendenken“, die Vielzahl von Informationen und Reizen, denen der Mensch permanent ausgesetzt ist, zu ordnen und zu strukturieren.

Doch mit Klischeebildern, die dem Mechanismus folgen: „Zeige einen Konsumenten in einer glücklichen Situation, und jeder wird sofort erkennen, dass sein Wohlergehen ganz selbstverständlich auf das verwendete Produkt zurückzuführen ist“,

pellt
Spliss
zu groß
piekst
Ballantine's
FINEST
SCOTCH WHISKY
Just fine

**BALLANTINES „FRAU AM STRAND", PRINT 2001:**

DER IMPORTEUR VON BALLANTINES SCHAFFTE ES, UNS AN DER INTERNATIONALEN WERBELINIE VORBEI ALS AGENTUR ZU VERPFLICHTEN. ABER LEIDER NUR FÜR EIN JAHR, DANN SPRACH DER HERSTELLER EIN MACHTWORT. IM GLEICHEN JAHR MUSSTEN WIR EINE WEITERE WELTMARKE AN EIN INTERNATIONALES NETWORK ABGEBEN, OBWOHL DER DEUTSCHE IMPORTEUR FÜR UNS KÄMPFTE: MICROSOFT.

FOTOGRAF: MICHAEL SCHNABEL

ist sicherlich kein hohes Momentum zu erzielen. Die Formel: Bestimmte Gefühle zeigen = bestimmte Gefühle erzeugen ist schlicht zu schlicht. Wird eine ältere Dame mit bauchfreiem Pulli, die Britney Spears nachsingt, zur Lolita? Wird ein in Ehren ergrauter Herr, der seine Bankgeschäfte online tätigt, zum postmodernen Trendsetter?

Dennoch überwiegen die eher schlichten Mechaniken. Weil damit die Kommunikation so schön einfach und direkt beurteilbar ist. Als Auftraggeber fühlt man sich verstanden. Und man hat das kreative Endergebnis wunderbar im Griff. Man begibt sich eben gerne auf den soliden Boden linearer Zusammenhänge. Nur: Der Verbraucher fühlt nie so, wie er soll. Sondern so, wie er will. Und damit er so fühlen will, wie er soll, muss man ihn schlichtweg verblüffen und überlisten. In der Kommunikation ist es genau wie am Fischteich: Der Köder muss der Zielgruppe schmecken, nicht dem Angler.

## FRÜHER HAT MAN SICH ANGEHÖRT, WAS EINE MARKE ZU SAGEN HAT.

HEUTE MUSS MAN SICH MIT DER MARKE AN EINEN TISCH SETZEN UND KOMMUNIZIEREN.

Und was vielleicht noch wichtiger ist: Sie kommuniziert für den Verwender. Sie drückt ein Lebensgefühl aus, eine Identität. Auch deshalb ist das Verhalten einer Marke oft wichtiger als ihre Botschaft. Wer sich eine Rede anhört, ist an einer Meinung interessiert. Wer mit dem Redner hinterher noch ein Bier trinkt, will mehr. Und heute geht man mit der Marke seines Vertrauens ein Bier trinken.

Die Bedeutung von Kommunikation ist explodiert, weil sich die Marke gewandelt hat: von der Fahne zum Kleid. Früher waren Marken nur Wegweiser, Orientierungshilfen im Dschungel des Angebots. Heute sind sie Teil der Persönlichkeit geworden.

VERGESSEN SIE: KLEIDER MACHEN LEUTE.
LÄNGST GILT: MARKEN MACHEN LEUTE.

Wenn Marken zu Bedeutungsträgern werden, bieten sie ein unendliches Potenzial zur Differenzierung, weil man sich in der Kommunikation eines riesigen Zeichenvorrats bedienen kann.

Differenzierung funktioniert – eben genauso wie im Motorsport – nicht auf der Ideallinie. Wer überholen will, wer angreifen will, muss weg von dieser Linie. Muss vielleicht ein Layout wählen, das mit Sehgewohnheiten bricht. Das vergessen viele Werbungtreibende. Sie lassen sich von Marktforschungstests auf die Ideallinie reden und enden mit völlig austauschbaren und damit ineffizienten Kampagnen.

Unser Job ist Differenzierung. Differenzierung ist das Gegenteil von Anpassung. Methodisch heißt das, dass die Überlegungen zum Unique Selling Proposition erweitert werden müssen. Der entscheidende Produktvorteil besteht heute vornehmlich in der Möglichkeit, dem Produkt eine Bedeutungshoheit beizumessen. Nicht im funktionalen Gebrauchsnutzen. Das Produkt wird somit zu einer Art Zeichensymbolik, zu einer Sprache, die vom Verwender gelesen und verstanden wird. Die Positionierung einer Marke wird durch das Schaffen eines emotionalen Mehrwerts bestimmt.

Besteht in der Differenzierung einer Marke durch einen emotionalen Mehrwert nicht die Gefahr, den kommunikativen Auftritt dann jedes Mal radikal – und kostspielig – ändern zu müssen, wenn sich die Bedeutung eines Zeichenvorrats ändert? Jede Marke hat in ihrem Leben viele Chancen, Aufmerksamkeit und Interesse zu gewinnen. Diese Chancen entstehen oft zufällig: durch ein Ereignis, durch eine zufällige Bekanntschaft, durch eine Kooperation.

Leider liegen diese Chancen nicht immer exakt auf der strategischen Spur dieser Marke. Schade, wenn man sie deshalb nicht nutzt. Zumal Flexibilität und Geistesgegenwart Charakteristika sind, die jede Marke zusätzlich profilieren können. Wer keinen

## MUT ZUR DISKONTINUITÄT

hat, verschenkt Effizienz. Nur aus Angst, die Linie zu verlieren. Konsequenz und Durchhaltevermögen werden immer wieder und zu Recht als Effizienzbringer beschrieben. Die einzige Chance, aus einem 3-Millionen-Etat einen 30-Millionen-Etat zu machen, besteht darin, die 3-Millionen-Kampagne 10 Jahre unverändert laufen zu lassen. Und nicht das zu tun, was heute das Schicksal einer Marke ist: durchschnittlich vier komplette Kampagnenwechsel in zehn Jahren. Nur 15 % der großen Marken haben in den letzten zehn Jahren Kontinuität bewiesen.

Änderungen des Werbeetats sind eng verknüpft mit künftigen Gewinnen. Amerikanische Wissenschaftler konnten in einer Langzeitstudie nachweisen, dass – abhängig von der Branche – Werbeaktivitäten signifikant mit Gewinnen von bis zu vier

Folgejahren verknüpft sind. (Graham/Frankenberger 2000) Der Ergebnisbeitrag ist im Folgejahr am größten und nimmt gleichförmig in den darauf folgenden Jahren ab. Das heißt: Werbeetats haben ein langfristiges Momentum-Reservoir. Daran sollten Werbungtreibende denken, wenn sie in wirtschaftlich angespannten Situationen ihre Werbeetats zusammenstreichen. Sie berauben sich selbst einer guten Ausgangsposition in der anschließenden Aufschwungphase.

Kontinuität in der Zusammenarbeit mit einer Werbeagentur dokumentiert sich übrigens auch im Börsenwert des Auftraggebers. In einer zehn Jahre laufenden Studie wurde nachgewiesen, dass die Überprüfung bzw. Aufkündigung der Agenturbeziehung zu einer signifikanten Abnahme des Aktienkurses führte. (Hozier/Schatzberg 2000) Offensichtlich reagieren Investoren auch auf solche Signale und reduzieren ihre Erwartungen in Bezug auf Börsenentwicklung und Dividendenzahlung.

Ein weiterer entscheidender Vorteil der Kontinuität ist, dass sie die Basis für Flexibilität liefert. Wer einen stabilen Kurs fährt, ist eher in der Lage, bei Bedarf mal auszuweichen, als der, der von vornherein mit seiner Marke herumwackelt.

Auch hier liefert das Autofahren ein gutes Bild. Ein Ausweichmanöver gelingt am besten aus einer fahrdynamisch neutralen Situation. Deshalb bremst der Rallyefahrer nach einer Kurve kurz, um besser in die nächste einlenken zu können. Einfacher:

HABEN SIE SCHON MAL EINEN TORWART BEIM ELFMETER AUF EINEM BEIN STEHEN SEHEN?

Die Marke Sixt weist eine hohe Kontinuität in der Kommunikation auf. Und deshalb kann sich diese Marke immer wieder mal einen Querschläger erlauben, der jenseits der Strategie liegt. Beispiel: „Lieber zu Sixt als zu teuer." Ein Slogan, der nicht der Strategie „Business-Class fahren, Economy bezahlen" entsprach, sondern nur aufgrund seiner kreativen Qualität eingesetzt wurde.

Als im Sommer 1999 Sonnenfinsternis war, meldete sich die Agentur mit der Idee: „Wegen Sonnenfinsternis: Cabrios zum halben Preis." Als der Begriff „Leitkultur" in allen Medien diskutiert wurde, brachten wir die Anzeige „Sixt zum Thema Leitkultur", die Autos mit Navigationssystem bewarb. Und als es Gerüchte gab, dass Daimler-Benz Sixt kaufen wollte, konterten wir: „Das Gerücht: Mercedes hat Sixt gekauft. Die Wahrheit: Sixt hat Mercedes gekauft – 1.000 neue C-Klasse-Modelle."

Doch nicht nur Sixt bewies oft Geistesgegenwart: Als Viagra in aller Munde war, schaltete Mey eine Anzeige, die eine Pille und ein erotisches Wäschestück gegenüberstellte: „Anderer Wirkstoff, gleiche Wirkung."

Übrigens ist Viagra selbst das beste Beispiel dafür, wie gewinnbringend es sein kann, vom geplanten Kurs abzuweichen. Seine Substanz Sildenafil war ursprünglich als Wirkstoff gegen Angina Pectoris vorgesehen.

Wie üblich wurde vor der Einführung ein Test gemacht, bei dem freiwillige Patienten das Präparat erproben und dann zurücksenden sollten. Nun passierte etwas Unerwartetes: Die Patienten schickten nichts zurück. Sie hatten eine wunderbare Nebenwirkung entdeckt. Und das Unternehmen Pfizer war flexibel genug, alle Planungen über Bord zu werfen. So entstand eines der erfolgreichsten Medikamente aller Zeiten.

Nur wenige Unternehmen sind flexibel und schnell genug, auf Chancen aufzuspringen und den

„VIAGRA-EFFEKT"

zu verbuchen. In vielen Fällen haben wir versucht, solche Chancen zu nutzen. Immer wieder hörten wir von Marketingverantwortlichen: „Wir haben das nicht im Etat eingeplant." „Das entspricht nicht unserer momentanen Strategie." „Wir möchten im Moment keine Unruhe produzieren." „Hopplahopp-Marketing ist nicht unsere Sache." In Wirklichkeit wollten sie sagen: „Ich habe nicht den Mut, eine Aktion zu rechtfertigen, die vom Vorstand nicht abgesegnet ist."

Nur wenige Unternehmen sind konsequent in der Umsetzung ihrer Markenprofile. Sie unterscheiden sich von anderen dadurch, dass sie nicht durchschnittlich zwei Jahre eine Kampagne steif durchhalten und sie dann wechseln. Sie betrachten eine Kampagne, die mit den richtigen Genen ausgestattet ist, von vornherein als formbare Masse.

Diese wird immer wieder mal aktualisiert, und ihre Differenzierungsmöglichkeiten werden im Hinblick auf aktuelle Trends ausgereizt. Solche Marken bewerten ihre Kunden als Ansprechpartner, die man nicht immer wieder mit dem Gleichen langweilt, sondern denen man sich auch einmal von erstaunlichen Seiten zeigt, ohne den ureigenen Charakter zu verlieren. Eine auf Dauer erfolgreiche Marke betrachtet Kontinuität nicht als Status quo, sondern als Basis für Agilität.

# 9. KAPITEL

# WER MARKEN FÜHREN WILL, MUSS SELBST EINE SEIN

## ÜBER DAS EIGENMARKETING EINER WERBEAGENTUR

Werbeagenturen können etwas, was sonst keiner kann: Sie machen aus einem Produkt mit rationalem Nutzwert eine Marke mit emotionalem Mehrwert. Kurz: Sie machen Marken. Demgemäß reden sie gerne von Markenaufbau und Markenführung. Doch schaut man auf ihre Eigenmarke, findet man nur ungemachte Hausaufgaben. Zwei von drei Agenturen verstoßen gegen zwei von drei Markenregeln.

Das einzig Markentypische ist ein mehr oder weniger zeitloses Logo. Meistens rot. Es gibt einen Briefkopf, Kuverts und Etiketten für Pakete, vielleicht Videokassetten. Und es gibt Visitenkärtchen und Grußkarten. Ende. Sind das die Inhalte einer Marke, deren wichtigste Aufgabe Markenführung ist?

Unsere Sicht war immer: Agenturmarken unterliegen den gleichen Anforderungen und Erfolgsparametern wie andere Marken auch. Auch auf uns kann der Markendreiklang angewandt werden, also das perfekte Zusammenspiel von Bekanntheit, Sympathie und Verwendung.

Wenn ein Auftraggeber nichts über seine Marke weiß, sind wir Agenturleute stets entrüstet und empfehlen ihm Marktforschung. Aber was wissen wir denn! Oft wissen wir nicht einmal, wie die eigene Mannschaft die Agentur sieht. Bitter, wenn die Mitarbeiter einer Werbeagentur ihre Firma ganz anders einschätzen als die Manager. Und diese keinen Handlungsbedarf erkennen, weil die Erosionsmerkmale noch nicht bis in die Führungsetage vorgedrungen sind.

Der amerikanische Werber Jerry DellaFemina schrieb in seinem Buch die düstere Beobachtung auf, dass der Erste, der von einem Etatverlust erfährt, oft der Pförtner ist. Es ist ähnlich wie beim Ehebruch. Bis der Hauptbetroffene etwas erfährt, weiß es schon der ganze Häuserblock.

Das sicherste Frühwarnsystem für den Attraktivitätsverlust einer Agenturmarke ist die Abnahme der Bewerbungen von Kreativen. Oft verlief der allmähliche Niedergang einer Topagentur so: Heute keine komischen bunten Briefchen, morgen keine seriösen zahlenden Kunden.

Das Besondere an unserem Job ist folgende Diskrepanz: Wir sind Hofnarr und Treuhänder in Personalunion. Einerseits vertreten wir eine leichte, manchmal seichte Materie. Andererseits geht es um sehr, sehr viel Geld.

## WERBUNG IST ZU TEUER, UM DAMIT HERUMZUSPIELEN.

Der Auftraggeber erwartet von uns, dass wir ihm Erfolg bringen. Er setzt voraus, dass wir ganz genau wissen, was zu einem Erfolg gehört. Das Tückische daran ist, dass er uns nur glauben mag, wenn wir selbst erfolgreich sind. Eine Werbeagentur, die selber Misserfolg hat, verspielt ihre Glaubwürdigkeit als

„Erfolgherbeizauberer". Und schon setzt eine gefährliche Spirale ein. So gesehen sind Agenturmarken besonders empfindliche Marken. Und als Agenturmacher muss man umso mehr tun, um seine Marke zu hegen und zu pflegen.

Natürlich gehören auch Flops zum Agenturgeschäft: Nicht jede Kampagne wirkt wie geplant, nicht jeder Kunde bleibt zehn Jahre, nicht jeder Mitarbeiter packt es. So kommt es zwangsläufig dazu, dass die Presse auch einmal einen TV-Spot oder eine Anzeige verreißt. Oder über einen drohenden Etatverlust spekuliert. In solchen Fällen passiert bei uns immer das Gleiche. Einer von uns beiden ärgert sich fürchterlich, bis der andere ihm zu bedenken gibt, wie viel wir der Presse schon zu verdanken hatten.

Niemand anders als die selbst Presse hat uns zu einer der bekanntesten Werbeagenturen Deutschlands gemacht. Als Ergebnis von zahllosen Artikeln und Interviews in fast allen Wirtschafts- und Fachzeitschriften, von Besuchen bei Biolek, Harald Schmidt und anderen Fernsehmagazinen. Selbst ein ungezwungenes Nachmittagsgespräch mit Gerhard Schröder hat uns die Presse ermöglicht.

Wie alle anderen Marken müssen auch Agenturmarken dafür Sorge tragen, bei ihrer Zielgruppe ausreichend präsent zu sein. Auch sie müssen größtmögliche Sicherheit bieten, was die Qualität ihrer Produkte angeht, die Qualität ihrer Kampagnen also. Und sie müssen einen emotionalen Mehrwert bieten, der die Agenturmarke über den Grundnutzen hinaus, effiziente Werbung zu machen, profiliert.

Jung von Matt entstand nicht aus der theoretischen Erkenntnis heraus, dass es Zeit wäre für eine neue Art von Agentur. Eine Agentur, die sich konsequenter als alle bisherigen Agenturen eigenständig als Marke profiliert. Jung von Matt entstand, weil sich Jung und von Matt in der richtigen Phase ihres Lebens kennen und schätzen lernten. Weil beide offen und im Lebensstil frei genug waren, um einen konsequenten beruflichen Neustart zu wagen: Miete unter 800 Euro warm, Motorrad abbezahlt, keine Hypotheken, keine Familie, keine Alimente oder Unterhaltskosten.

Gute Pferde kommen oft aus einem guten Stall, und wir kamen aus einem der besten: Springer & Jacoby, die für uns heute noch Maßstab sind. Gerade hatten wir live den Durchmarsch dieser Agentur aus den Niederungen eines Hot Shops in die Champions League miterlebt, das machte Lust. Wir wollten etwas Eigenes, und das war uns wichtiger als „Mein Haus, mein Auto, mein Boot".

Doch was wäre, wenn wir es nicht schaffen würden? Wenn wir keine Kunden binden könnten und vor allem keine kreativen Highlights produzieren würden? Auch unsere Wettbewerber befassten sich intensiv mit unserm Start. Von sorgenvoll: „Wenn ihr Geld braucht, ruft mich an." Bis liebevoll: „Nennt euch doch

JUNGFRAU UND MATTERHORN."

Der Beginn der 90er Jahre war wirtschaftlich nicht gerade euphorisch. Doch wir glauben, dass eine Rezession der ideale Zeitpunkt ist, um eine Werbeagentur zu gründen. Die Auftraggeber sind unruhig, und die Werbeetats sitzen locker. Unser Start fiel allerdings mit einer Pleitewelle zusammen, die einige kleinere Agenturen betraf. Die glücklosen Inhaber machten die zunehmende Internationalisierung des Geschäfts verantwortlich. Und wir waren verunsichert. Hat eine unabhängige Agentur in den Zeiten der Globalisierung überhaupt eine Chance? Sind wir dazu verdammt, uns entweder gleich an ein Network anzulehnen oder nur für Möbelhäuser und Sonnenstudios zu arbeiten?

Doch fiel uns auf, dass es mit der Globalisierung noch nicht so weit her sein kann. Denken Sie nur an folgendes Beispiel: Das erfolgreichste Produkt moderner Kommunikationstechnik heißt in Deutschland HANDY, in England MOBILE PHONE, in Frankreich PORTABLE, in Amerika CELLULAR, in Italien TELEFONINO und in der Schweiz NATEL. Inzwischen wissen wir, dass man auch unabhängig von Networks Weltmarken betreuen kann. Und dass uns die Globalisierung, wenn sie denn so weit ist, genauso viele Türen öffnen wie schließen wird.

Was uns außerdem Mut gab, war die Verknappung des Talentemarkts. Der Bayern-Stürmer Mehmet Scholl hat einmal erklärt: „Ich verzichte auf 50.000 Euro Gehalt, wenn ich spielen darf." Von genau diesem Effekt profitiert eine unabhängige Agentur. Denn dort darf ein Kreativer spielen. Sein Talent wird gebraucht und eingesetzt, seine Arbeit wird gedruckt und gesendet.

Natürlich müssen auch wir gute Gehälter bezahlen. Aber keinen Schmerzensgeldzuschlag wie viele Network-Agenturen, in denen vor allem globale Kampagnen adaptiert und verwaltet werden. Einen französischen TV-Spot für den deutschen Einsatz

Wenn Sie DEN
bedienen können,
können
Sie auch DIE
bedienen.
Einfach draufhauen!
Für Leute mit einem guten Auge und zwei linken Händen: Die Dynax 3xi macht automatisch richtig belichtete, richtig scharfe und richtig gute Fotos – nur das Motiv müssen Sie noch selbst aussuchen. Und wenn Sie einen Prospekt möchten, bedienen Sie doch schnell mal Ihr Telefon: 04102/70-234.
MINOLTA
ALLES WIRD GUT
MINOLTA
DYNAX 3xi

**MINOLTA „HAMMER“, PRINT 1994:**

DAS LAYOUT DIESER KAMPAGNE ENTSTAND ERST IN DER NACHT VOR DER PRÄSENTATION. OVE GLEY, EINER DER KREATIVEN, DIE JUNG VON MATT GEPRÄGT HABEN, LÖSTE DAMIT EINEN GESTALTUNGS-TREND AUS: IN DEN FOLGEJAHREN SAH MAN IMMER WIEDER LAYOUTS, DIE IHRE STARKE VERWANDTSCHAFT ZU UNSEREM MINOLTA-LAYOUT SCHWER LEUGNEN KONNTEN.

FOTOGRAF: STEPHAN FÖRSTERLING

zu adaptieren ist für einen Vollblutkreativen etwa so erfüllend, wie für einen Vollblutfußballer ein Netz mit Bällen auf einen Trainingsplatz zu schleppen.

Agenturen, die durch viele Adaptionsaufgaben für ehrgeizige Kreative wenig attraktiv sind, werden schwerlich welche bekommen. So entstehen dort auch kaum herausragende Kampagnen. Und so finden sich auch schwerlich Auftraggeber, die an das besondere Momentum von solchen Kampagnen glauben. Das Hauptmann-von-Köpenik-Syndrom der Werbewirtschaft: Ohne Wohnung keine Arbeit, ohne Arbeit keine Wohnung.

Ein weiterer Effekt begünstigte uns sehr. Anfang der 90er Jahre startete das Privatfernsehen richtig durch. Endlich war es auch mittelständischen Werbungtreibenden möglich, TV-Werbung zu machen. Eine Chance, die auch viele nutzten, obwohl sie einen Heidenrespekt vor dem Medium hatten. Der besondere Respekt vor diesem Medium kommt nicht von ungefähr. Werbefilme waren für viele Unternehmen ein ungewohntes Terrain, auf dem sie kompetente Führung suchten. Kein Wunder, bei Produktionskosten von bis zu 1 Million Euro.

Die Super Zeitung war der ehrgeizige Versuch von Hubert Burda und Rupert Murdoch, die neuen Bundesländer mit einer Boulevardzeitung zu erobern. Und wir waren die Agentur. Unsere Kreativen fuhren mit einem Wohnmobil wochenlang durch den Osten und befragten verschiedenste Menschen nach ihren Ansprüchen an eine Zeitung. Viele der von uns für die Kampagne interviewten Bürger der neuen Bundesländer lehnten ihr Honorar mit der Begründung ab:

„ICH HABE DOCH MEINE EHRLICHE MEINUNG GESAGT. UND DAFÜR WILL ICH KEIN GELD HABEN."

Aus dieser Videodokumentation entstand unsere erste wirklich ungewöhnliche TV-Kampagne. Und ein Stück Zeitgeschichte.

Schon bald erlebten wir den Durchmarsch, den wir schon kannten, und aus dem Hot Shop Jung von Matt wurde eine Agentur, die der Wettbewerb ernst nahm. Das zügige Wachstum überraschte uns, verunsicherte uns aber nicht. Vor allem zwang es uns zu Ideen, unseren Job schlanker und schneller zu machen. So versuchten wir, unser kreatives Potenzial auch für eine höhere Arbeitseffizienz einzusetzen.

Um der Gefahr zu langer Meetings zu entgehen, dachten wir uns Steh-Konferenztische aus: so hoch wie ein Bartresen, nur ergänzt um eine Art Barhocker. Und siehe da: Allzu lange Meetings gab es bei uns nicht. Und wenn, wurden sie tapfer durchgestanden. Von Matt hatte schon immer seine besten Ideen im Auto, unter der Dusche oder auf dem Klo. Um diese Situation zu simulieren, erfanden wir die Denkzelle: eine Abstellkammer mit Computeranschluss, in die sich jeder zurückziehen kann. Vielleicht ist doch etwas dran an von Matts Verwandtschaft mit Nikolaus von der Flüe, dem Schweizer Nationalheiligen, der Frau und 16 Kinder verließ, um als Einsiedler in Ruhe schreiben zu können.

Alles gute Ideen für die Firma, aber keine darunter, die direkt darauf gemünzt war, aus Jung von Matt eine Marke zu machen. Da half uns ein anderer Einfall: Das Schicksal wollte es, dass wir in der Anfangszeit der Agentur fast ausschließlich Kunden im süddeutschen Raum hatten. Im Flugzeug trafen wir auf unsere Zielgruppe Nummer eins, die üblichen Geschäftsreisenden. Also die Entscheider und Führungskräfte aus der Industrie. Diejenigen, die oft die Entscheidung über die Agentur zu treffen bzw. bei dieser Entscheidung ein Wörtchen mitzureden haben. Stets hatten wir einen tragbaren Videorecorder dabei, mit dem wir stolz unsere ersten TV-Spots vorführen konnten. Unser Reisebüro hat nie verstanden, warum wir für jeden Flug einen Mittelplatz buchten.

Außerdem machten wir unsere Layout-Taschen zum Medium, indem wir sie in unserer Hausfarbe Dunkelgrün produzieren ließen und unser Logo prominent auf Vorder- und Rückseite platzierten. Das hatte vor uns noch niemand gemacht, und es weckte Neugier.

Das Trojanische Pferd als Markensymbol kam erst später dazu. Wie bereits erzählt, entstand das Bild in einer Präsentation und wurde dann in unseren Vorträgen immer wieder genutzt. Die meisten Zuhörer konnten mit diesem plastischen Vergleich etwas anfangen. Also fingen wir an, das Ganze zu kultivieren, und beschlossen, ein großes Trojanisches Pferd für unseren Empfang bauen zu lassen. Im Herbst 2001 wurde die 4 Meter hohe Holzskulptur ins Haus der Geschichte nach Bonn geschafft, als Leihgabe für die Ausstellung „Prominente in der Werbung“. Natürlich sollte unser Pferd nicht nur ein lebloses Symbol, sondern auch eine gelebte Kultur darstellen. Allen Mitarbeitern legten wir ans Herz, stets trojanisch zu argumentieren: hart in der Sache, aber friedvoll im Ton.

Doch damit nicht genug: Wir wollten als Agentur zu einer eigenen Art finden, Dinge zu bewerten, und fragten uns: Gibt es irgendeine Tugend, die in unserer Branche kaum vorkommt? Wir fanden eine: Selbstkritik! Noch nie haben wir einen Agenturchef nach einem verlorenen Pitch sagen hören:

„WIR WAREN NICHT GUT GENUG."

Immer war irgendetwas anderes verantwortlich, nie die eigene Leistung. Entweder hieß es, die Entscheidung sei über eine Beziehung gefällt worden, der Marketingleiter sei bestochen worden. Oder der Auftraggeber hätte einfach keine Ahnung von Kommunikation.

Diesen Branchenstandard wollten wir revolutionieren. Und so entstand folgendes ungeschriebene Gesetz: Wenn wir verloren haben, sind grundsätzlich wir schuld. Sei es, dass unser Konzept zu schwach war. Sei es, dass es zu mutig war. Oder sei es, dass wir zu teuer waren. Die Schuld liegt immer bei uns.

Um daraus lernen zu können, schicken wir sofort einen Fragebogen los, in dem der Auftraggeber bequem ankreuzen kann, warum wir nicht überzeugen konnten. Und selbstverständlich gratulieren wir dem Wettbewerber, der gewonnen hat.

Tabu ist bei uns übrigens auch, nach einer Präsentation über die Gewinnchancen zu rätseln: Hat die Werbeleiterin schon angerufen? Hat der Vorstand dich bei der Verabschiedung auch so angelächelt? Fiel dir auch auf, wie konkret sie am Schluss wurden? Lange genug haben wir in anderen Agenturen dieses übliche Hoffen und Bangen nach Präsentationen erlebt, das nichts bringt, aber Energie kostet. Und die braucht man dringend für die nächste Herausforderung. Unser erster Partner, Deneke von Weltzien, brachte es auf den Punkt:

# "FIRE AND FORGET."

Im Gegensatz zu den meisten Kollegen sind wir nicht gegen Wettbewerbspräsentationen, sondern dafür. Sie sind nicht nur für die Agentur die schönste Art, einen Kunden zu gewinnen, sondern auch für den Auftraggeber die sicherste Art, eine Agentur auszuwählen. Das hat einerseits mit Spitzenleistung, andererseits mit Wahrheitsfindung zu tun.

Spitzenleistungen entstehen nur in Wettkampfsituationen. Um an die eigenen Grenzen und darüber hinauszugehen, braucht man starke Gegner, gegen die man auf keinen Fall verlieren will, und einen Showdown, auf den sich alle konzentrieren. Das alles kann nur eine Wettbewerbspräsentation bieten.

Auch das Thema Wahrheitsfindung spricht gegen eine Etatvergabe ohne Kampagnenpräsentation. Es ist ein bisschen wie heiraten, ohne vorher Sex gehabt zu haben. Denn in einem Strategiegespräch ist schwerlich herauszufinden, ob die Partnerschaft zwischen Agentur und Auftraggeber wirklich Zukunft hat. Und ob Letzterer wirklich den Mut mitbringt, den er angekündigt hat.

Bei allen Aspekten des Jobs macht es einen großen Unterschied, ob man etwas zufällig in einer Agentur vorfindet oder ob es für bestimmte Prozesse definierte Regeln gibt. Regeln sind kultivierte Erfahrungswerte und geben einer Marke mehr Rückhalt als bloße Gewohnheiten.

Es mag zum Beispiel nützlich sein, als Agentur von Fall zu Fall auf die Straße zu gehen und den Verbraucher live zu befragen und die Ergebnisse dieser Befragung Kunden in Form eines kleinen Videos zu präsentieren. Doch wir machten diese Trendvideos zu unserem Standardinstrument: Wir nutzen sie bei jeder Aufgabe, um den kreativen Prozess zu steuern.

Hier versagt konventionelle Marktforschung, weil sie einfach zu behäbig ist. Per Trendvideo können wir innerhalb weniger Stunden überprüfen, ob wir zum Beispiel mit einer Sloganempfehlung richtig liegen. Das Trendvideo verhält sich zu konventioneller Marktforschung wie die Pistole zum Gewehr. Sie ist zwar nicht ganz so präzise, doch in der Hitze des Gefechts das Einzige, was einem weiterhilft. Und Präsentationen ohne Hitze haben auch wir noch nicht erlebt.

Ein wesentliches Element unseres qualitätsorientierten Markenverständnisses ist der monatliche Frontbericht. Es reicht uns nicht, kreative Lösungsvorschläge zu produzieren; wir wollen wissen, wie die Kampagnen arbeiten. Wie bereits geschildert, werden alle Mitarbeiter von Jung von Matt regelmäßig über das Erreichen der gesteckten Kampagnenziele informiert.

Regeln und Instrumente müssen von allen, die für eine Marke arbeiten, verinnerlicht werden. Aber in Werbeagenturen arbeiten ausgeprägte Individualisten, keine Pawlow'schen Hunde. Jedes Instrument, jede Regel steht daher ständig auf dem Prüfstand.

Jede zweite Ehe entsteht am Arbeitsplatz.
Alexandra, Diana, Anke und Christina arbeiten bei JUNG v. MATT

**JUNG VON MATT „DIE HEIRATSKANDIDATINNEN", PRINT 2000:**

NATÜRLICH GLAUBT JUNG VON MATT AUCH AN WERBUNG IN EIGENER SACHE. SCHON ZUM START UNSERER AGENTUR ERSCHIEN EINE GROSSFORMATIGE ANZEIGE. AUCH DIE ANZEIGE MIT DEN NACKTEN JVM-LERINNEN ZEIGTE VIEL WIRKUNG, ABER LEIDER NICHT FÜR UNS. EIN JAHR SPÄTER WAREN DREI DER VIER MITARBEITERINNEN ABGEWORBEN.

FOTOGRAF: UWE DÜTTMANN

Es ist wie bei kreativen Ideen: Fehlt die überzeugende Zielorientierung, hat das Ganze keinen Bestand und wird quasi vom System ausgeschwitzt.

Aber Unwissen hat mit Ausschwitzen nichts zu tun. Deshalb ist man als Markenverantwortlicher dazu verdammt, ständig wie ein Papagei das Markeninstrumentarium herunterzubeten. Und die im Zaum zu halten, die immer alles neu machen wollen. Nicht, weil es sich nicht bewährt hätte, sondern einfach, weil es sie auf Dauer langweilt, immer den gleichen Regeln folgen zu müssen.

## MARKENFÜHRUNG
### HAT VIEL MIT DURCHHALTEVERMÖGEN ZU TUN!

Ständig liefern einem andere Branchen Anstöße zu Selbstzweifeln. Ständig gibt es neue Ideen aus dem innersten Kreis der Firma, Althergebrachtes zu modifizieren oder sogar abzuschaffen. Ständig werden Erfolge anderer Marken zitiert, als Beweis dafür, dass es Zeit ist, grundlegende Verhaltensweisen zu ändern.

Jeder Anspruch muss von einer Agentur wirklich gelebt werden. Natürlich auch der Anspruch an das eigene Produkt: die konkrete Werbung. Dazu gehören nicht nur die Kreativpreise, sondern auch Beweise dafür, dass wir für diese Haltung im Extremfall durchs Feuer gehen. Also sogar auf lukratives Geschäft verzichten, wenn die Rahmenbedingungen auf Dauer die Qualität der Werbung gefährden. Eben Markendenke, nicht kurzfristige Ertragsdenke. Genauso wie wir Werbeleute es unseren Auftraggebern immer predigen.

Auch wenn Werbung mit Kunst nichts gemein hat, gibt es an dieser Stelle einen Berührungspunkt: Dem Künstler glaubt man seine Überzeugung für sein künstlerisches Anliegen nur, wenn er bereit war, dafür auf alle Annehmlichkeiten eines sicheren bürgerlichen Lebens zu verzichten. Vor dem künstlerischen Durchbruch stehen oft jahrelanges Hungern und Darben.

Ähnlich ist es bei einer Agenturmarke: Bei der allgemeinen Unsicherheit in der Bewertung von kreativer Qualität hilft es, wenn man nachweislich Überzeugungstäter ist. Und wenn einem dieser Ruf auch noch vorauseilt.

In der Konsequenz bedeutet das, dass eine Agentur mit hohem Anspruch sich notfalls für die Qualität und gegen das Geschäft entscheidet. Auch wenn es der Norm unserer Branche widerspricht, die besagt, dass eine Agentur ihrem Auftraggeber so lange treu bleibt, bis sie irgendwann ausgetauscht wird und entsprechend schwer zu vermitteln ist.

## „MANN BEISST HUND“

glaubt einem eben keiner. „Hund beißt Mann“ klingt da schon wesentlich glaubwürdiger.

Auf dem rutschigen Parkett der Kommunikationsdienstleistung entsteht am Ende nur dann eine Marke, wenn sich Glück, Ehrgeiz, Starrsinn und Flexibilität am rechten Fleck mit einer Lebenswerkmentalität verbinden. Eine Agenturmarke, die bewiesen hat, dass sie etwas von Markenführung versteht – mit einem anspruchsvollen Gesellenstück: sich selbst.

Aber was hat ein Auftraggeber letztlich davon, Kunde einer Agentur zu sein, die zur Marke geworden ist? Letzten Endes das Gleiche, was die Hausfrau von Persil hat: eine Qualitätsgarantie.

Nur eine Agentur, die ein tiefer gehendes Interesse am Erfolg ihrer Kampagnen hat, kann ein echter Partner sein. Nur so ist gewährleistet, dass eine fachliche Beratung erfolgt, die streng am Kampagnenerfolg ausgerichtet ist.

Nur ein Partner, der stolz auf das Geleistete ist, hat alles gegeben. Eine Agentur, die etwas zu verlieren hat, wenn sie Mittelmaß produziert, bleibt einem Kunden gegenüber fachlich objektiv.

Es ist nicht anders als bei den geläufigen Mitarbeiter- oder Management-Beteiligungsmodellen: Mitgehangen, mitgefangen ist das Prinzip, dem man die größte Motivations- und Leistungsmobilisierung zutraut. Und genau dieser motivierende Schub ist gewährleistet, wenn eine Agentur als Marke ihre eigenen Interessen genauso hoch gewichtet wie die Interessen ihrer Auftraggeber.

In einer Zeit, in der jeder Marke sein will, sollte man nur Agenturen vertrauen, die sich selbst konsequent als Marke verstehen. Und Markenführung da beweisen, wo es wehtun kann: in eigener Sache! Der Spiegel nannte uns die „Popstars der Werbung". Wenn damit die Vorreiter einer besonders populären Form von Werbung gemeint sind, freuen wir uns darüber.

„Wenn Springer & Jacoby die Beatles sind, sind Jung von Matt die Rolling Stones", schrieb das Manager Magazin. Wenn damit eine Band gemeint ist, die sich seit 40 Jahren ihre Leidenschaft bewahrt und nichts von ihrem Momentum verloren hat, freuen wir uns auch darüber.

# 10. KAPITEL

# DIE STÜTZRÄDER DES MARKETINGS

## ÜBER DIE FRAGWÜRDIGKEIT VON BEFRAGUNGEN

Wenn Sie nachts an unserer Agentur vorbei durch das Hamburger Karolinenviertel im Stadtteil St. Pauli gehen, tun Sie das bitte mit entschlossenem Schritt in aufrechter Haltung.

Eine leicht nachvollziehbare kriminologische Erkenntnis besagt: Unsicher wirkende Menschen werden leichter Opfer eines Verbrechens als Selbstsichere. Es muss einen in der Wahrnehmung subtilen, aber im Ergebnis handfesten Unterschied zwischen Zögerlichkeit und Sicherheit geben. Und genau diesen Unterschied gibt es auch in der Marktwirtschaft.

Ein Markenartikler, der eine Befragung durchführt, signalisiert: Ich bin nicht ganz sicher. Und schon diese kleine Ungewissheit löst beim Probanden einen Flächenbrand der Unsicherheit aus.

Denken Sie einmal darüber nach, was in Ihnen vorgeht, wenn Sie befragt werden. Wenn Sie zum Beispiel nach dem Weg gefragt werden, gehen Sie dann davon aus, dass der Fragende sicher ist, wo es langgeht? Wenn jemand Sie um eine Erlaubnis bittet, weiß er dann schon, dass er sie kriegt? Wenn jemand Sie nach Ihrer Meinung zu seinem neuen Auto fragt, ist er dann sicher, dass Sie es toll finden? Allein das

FRAGEN SIGNALISIERT SCHWÄCHE.

Und das ist ein Grundproblem von Marktforschung.

Als amerikanische Meinungsforscher einmal fragten: „Ist das individuelle Fehlverhalten der Menschen und nicht die gesellschaftlichen Verhältnisse für die zunehmende Kriminalität verantwortlich?", sagten zwei Drittel der Befragten „Ja". Als sie stattdessen fragten: „Sind die gesellschaftlichen Verhältnisse und nicht das individuelle Fehlverhalten der Menschen für die zunehmende Kriminalität verantwortlich?", sagten ebenfalls zwei Drittel der Befragten ja. Um sich dem Erklärungsdruck zu entziehen, antworten Menschen in Befragungen lieber mit Ja als mit Nein.

„Marketingleute, die sich zu sehr auf die Marktforschung verlassen, erinnern an Betrunkene, denen eine Laterne viel mehr als Stütze denn als Lichtquelle dient", schrieb David Ogilvy bereits 1963 in seinem überragenden Klassiker „Geständnisse eines Werbemannes".

Dennoch: In den letzten 15 Jahren hat der Umsatz der Marktforschungsinstitute sogar überproportional zur Umsatzentwicklung der Werbeagenturen zugenommen. Offensichtlich gibt es ein wachsendes Bedürfnis in unserer Branche, nach dem Weg zu fragen. Jedes Institut hat seine spezifischen Testdesigns, Erfahrungen und Forschungstechniken, alle aber versprechen das Gleiche: mehr Sicherheit bei der Entscheidung über Kommunikationsfragen. Und zwar im Vorwege der Realisierung, also bevor eine Kampagne mit hohem und teurem Produktionsaufwand umgesetzt wird.

DER TRAUM ALLER WERBUNGTREIBENDEN:
KAMPAGNEN OHNE RISIKO!

Die Realität ernüchtert oft. Sonst gäbe es nicht so viele Flops. Man kann davon ausgehen, dass alle Produktneueinführungen, alle größeren Kampagnen und vor allem alle Kampagnenneustarts ein mehr oder weniger aufwändiges Testprozedere durchlaufen haben. Dennoch ist die Floprate außergewöhnlich hoch. Sie liegt zum Beispiel bei Lebensmitteln im Durchschnitt bei 85 %; in einzelnen Warengruppen sogar bei 98 %. Konkret bedeutet dies, dass rund 18 Milliarden Euro p. a. an Investitionen für Neueinführungen regelrecht und regelmäßig in den Sand gesetzt werden. (Becker 1993) Das Momentum lässt sich nicht so einfach per Test sicher antizipieren.

Umgekehrt ist die Tatsache, dass eine Kampagne von einer Gruppe radikal abgelehnt wird, noch lange kein Indiz für deren Scheitern. Entscheidend ist, ob den radikalen Ablehnern auch radikale Befürworter gegenüberstehen. Ein theoretisches Beispiel: Zwei Zigarettenkampagnen werden getestet. Es geht also um ein Produkt, bei dem Kommunikation ausschlaggebend ist. Die Marke hat einen Marktanteil von 5 %. Eine Kampagne erreicht 79 % Zustimmung, die andere nur 44 %. Ohne zu zögern, setzt der Zigarettenhersteller die 79er-Kampagne ein.

Möglicherweise ein Fehler: Wer sagt uns, dass wir das eine Prozent Marktanteil, das die Kampagne dazugewinnen soll, in der 79er-Gruppe eher finden als in der 44er-Gruppe? Ist es nicht sogar wahrscheinlicher, dass die offensichtlich polarisierende 44er-Kampagne bei diesem Prozent mehr Momentum auslöst? In der Markenartikelindustrie wird oft blind quantitativ gedacht. Man will seinen Marktanteil erhöhen und bittet die Mehrheit um ihr Plazet.

JUNG v. MATT

s er zu sagen hat
hat er geschrieben

Wie unsinnig oft das Schielen nach Mehrheit ist, machte auch der Wahlerfolg von Ronald Barnabas Schill bei den Hamburger Bürgerschaftswahlen 2001 deutlich. Mit seiner unmissverständlichen Botschaft sorgte er zwar für allgemeinen Gegenwind, erzielte aber sensationelle 19 %. Es ist offensichtlich, dass dieses Ergebnis niemals möglich gewesen wäre, hätte er sein Wahlversprechen nach Marktforschungsergebnissen weich gespült. Die Wahlvorhersagen lagen übrigens bei 13 %.

Ein empirisches Indiz für die Stärke der Polarisierung zeigt die youngcom Jugendstudie 2000. Diejenigen Marken, die in den Augen der 13- bis 20-Jährigen am häufigsten als „Marke mit der besten Werbung“ bezeichnet werden, stehen auch bei den „Marken mit der schlechtesten Werbung“ weit vorne.

Entscheidend für das effiziente Umgehen mit Marktforschung ist ein sinnvolles Ziel. Neugier und Search of Excellence schlagen Absicherung und Entscheidungsschwäche. Es geht um das Mehr-richtig-machen-Wollen. Und nicht um das Weniger-falsch-machen-Wollen. Das klingt banal, macht aber einen großen Unterschied aus im Umgang mit dem Thema Marktforschung generell und den Ergebnissen und Auswertungen im Speziellen.

Gerade bei den Auswertungen übernimmt oft die Willkür das Ruder. Da werden Testergebnisse unreflektiert als endgültige Entscheidung über Kommunikation gewertet, einzelne Ergebnisse nach Lust und Laune aus dem Zusammenhang gerissen oder überinterpretiert. Die fehlende Gewichtung von Stärken und Schwächen ist ein Grundübel bei der Bewertung von Kommunikation. Auch die weltweit verbreitete SWOT-Analyse

(Strength, Weakness, Opportunities, Threats) macht keinen Unterschied zwischen marginal und kapital.

Methodische Fallstricke, selbst die einfachsten, werden außer Acht gelassen: Handelt es sich bei den Befragten wirklich um die im Briefing definierten postmodernen Trendsetter oder um die immer gleichen Studenten aus dem Karteikasten des Instituts? Und schließlich wird akzeptiert, dass das Marktforschungsinstitut in der Ergebnispräsentation ungebeten kommunikative Lösungen anbietet.

## WARUM NICHT?
FRISEURE EMPFEHLEN JA AUCH URLAUBSZIELE.

Da wird zwar geforscht, um mehr Sicherheit zu gewinnen, aber oft unter so unseriösem Zeitdruck, dass sich der vermeintliche Sicherheitsvorteil wieder aufhebt. Zum Beispiel bei Befragungen kurz vor Weihnachten, einer Zeit, in der kaum ein Institut wirklich in der Lage ist, Probanden aufzutreiben. Erst recht keine spezifischen Zielpersonen.

Die besten Ergebnisse liefern Marktforschungen bei sehr zeitnahen Untersuchungen wie beispielsweise bei der berühmten „Sonntagsfrage" direkt im Anschluss an Wahlen. Hier sind die Ergebnisse, wenn es um die großen Volksparteien geht, oft bis auf einen halben Prozentpunkt genau. Aber um 18:00 Uhr ist die Entscheidung ja auch schon gefallen.

Bei Erhebungen über Produktneueinführungen handelt es sich hingegen um Erklärungen zum beabsichtigten Verhalten. Der

Unterschied zwischen den Aussagen „Heirate mich" und „Ich würde dich vielleicht heiraten" ist nicht zu verkennen. Hier beginnt die Fragwürdigkeit von Befragungen. Aber sie geht noch viel weiter.

Auch wenn von Matt ursprünglich Marktforscher und nicht Werbetexter werden wollte – sein Verhältnis zur Marktforschung bekam schon früh einen Knacks, von dem es sich bis heute nicht ganz erholt hat. 1970 wurde in der Schweiz eine Volkszählung durchgeführt, und alle Abiturienten wurden als Interviewer rekrutiert. Von Matt bekam in Zürich einen Teil der Langstraße im Kreis vier zugewiesen. Dort wohnen viele Menschen, die sich vor nichts fürchten außer davor, nach ihren Personalien gefragt zu werden.

Vor fast jeder Wohnung wurde so offensichtlich getrickst, getäuscht und gelogen, dass sich die Türbalken bogen. Ein höchstens 14-Jähriger war erwachsen. Ein Kosovo-Albaner hieß Zuberbühler. Eine junge Dame in seidener Arbeitskleidung war Meeresbiologin. Zahllose unplausible Erhebungsdaten waren unvermeidbar. Noch heute plagt von Matt ein schlechtes Gewissen, aber eben auch ein gesundes Misstrauen gegenüber Befragungen jeder Art.

## WARUM IST McDONALD'S SO VOLL, OBWOHL NIEMAND BEI McDONALD'S ISST?

Warum ist Prostitution ein Wirtschaftszweig mit einem erheblichen Volumen, obwohl fast kein Mann diese Dienstleistung in Anspruch nimmt?

Weil Befragungen grundsätzlich zu tendenziösen Ergebnissen führen. Nur wenige Menschen haben Lust, sich zu exponieren. Die meisten möchten, wenn sie befragt werden, als besonnene, intelligente, sympathische Menschen gelten. Dazu orientieren sie sich stets an der Mehrheit. Schließlich will der Mensch dazugehören und nicht abseits stehen, egal, in welchem Stadtteil er wohnt.

Auf die Frage, welche Partei er wählen wird, sagt der Schill-Wähler nicht Schill. Erst in der Anonymität des Wahllokals traut er sich. Genauso geht es dem Konsumenten, der über Verpackungsvorschläge befragt wird. Er wählt dasjenige Produkt, von dem er glaubt, dass die Mehrheit es wählt: das herkömmlichste. Erst in der Anonymität des Supermarkts traut er sich, seinem eigenen Gusto zu folgen. Und nimmt das, was sein Herz am stärksten berührt.

Natürlich geht es uns keineswegs darum, die Marktforschung zu verteufeln. Dafür haben wir zu lange von aufschlussreichen Ergebnissen profitieren können. Man kann nie genug wissen über seine Zielgruppe, ihren Lebensstil, ihr Kauf- und Mediaverhalten, Interessenfelder etc. Und es hilft sicherlich auch immens, zu wissen, ob bestimmte konzeptionelle Ansätze, Marken, Produkt- oder Dienstleistungen zu dramatisieren sind, um bei der definierten Zielgruppe auf fruchtbaren Boden zu fallen. Aber:

MAN MUSS WISSEN, WAS MAN WISSEN WILL UND WAS MAN MIT DEM WISSEN ANSTELLEN WILL.

www.wirtschaftswoche.de Donnerstags im Handel. Kostenlose Probehefte unter Tel. 09 11/53 25-173 und -175.
Jede Fusion hat ihre Verlierer.
Wirtschafts Woche
Nichts ist spannender als Wirtschaft. Woche für Woche.

**WIRTSCHAFTSWOCHE „HONECKER“, PRINT 1999:**

WER SAGT DENN, DASS MAN NUR MIT SYMPATHISCHEN, ERFOLGREICHEN MENSCHEN FÜR EIN WIRTSCHAFTS-MAGAZIN WERBEN KANN! UNTER DEM MOTTO „NICHTS IST SPANNENDER ALS WIRTSCHAFT. WOCHE FÜR WOCHE“ ENTWICKELTEN WIR EINE LANGJÄHRIGE KAMPAGNE MIT IMMER WIEDER NEUEN, SPANNENDEN AUFHÄNGERN.

BILDAGENTUR: ARCHIV FÜR KUNST UND GESCHICHTE

Tests können Werbern wirklich helfen. Sie können Indizien dafür liefern, ob eine Kampagne wirklich so verstanden wird wie beabsichtigt. Sie können anzeigen, ob man eine bestimmte Zielgruppe so anspricht, dass ihr Interesse geweckt wird. Sie können anzeigen, ob man in der groben Richtung richtig liegt. Tests helfen aber rein gar nichts, wenn man blind Empfehlungen aus ihnen ableitet.

Kein Verantwortlicher in der Autoindustrie würde Designentscheidungen ausschließlich von einer so genannten Car-Clinic abhängig machen. Genau aber das geschieht in den meisten Fällen beim Testen von Kampagnen.

Jeder weiß, dass echte Design-Highlights, die ein hohes Momentum bewiesen haben und zu Klassikern wurden, normalerweise erst einmal auf Ablehnung stießen. Weil sie anders waren, weil sie überraschend waren, weil man nicht darauf vorbereitet war. Und Werbung muss noch mehr überraschen als zum Beispiel Design, denn die nackten Botschaften der Werbung sind selten wirklich innovativ und faszinierend.

Wenn sich ein Chirurg auf eine Operation vorbereitet, weiß er genau, was ihn nach dem Schnitt erwartet. Das kann für den Patienten überlebenswichtig sein. Er weiß, wo er zu operieren hat, welche Instrumente er einsetzen muss, und verfügt auch über genügend Wissen, um zu erkennen, was im Körper des Patienten schief läuft. Der Chirurg kennt das Untersuchungsfeld genau, bevor er das Skalpell ansetzt. Marktforschungsinstitute müssen ihr Untersuchungsfeld genauso gut kennen; das kann für ein Produkt überlebenswichtig sein.

# MARKTFORSCHUNG, DROGEN UND WAFFEN

## HABEN EINES GEMEINSAM:

Sie sind nicht grundsätzlich schlecht – es kommt nur darauf an, wie man damit umgeht. Frei nach Rosa von Praunheim könnte man sagen: Nicht der Werbetest ist pervers, sondern die Welt, in der er lebt.

Und der Missbrauch liegt nahe. Logisch, es geht bei der Marktforschung letztendlich nicht um rationale Erkenntnisse, sondern um ein rein emotionales Bedürfnis: um Sicherheit. Und leider oft nicht einmal mehr um Entscheidungssicherheit in der Sache, sondern um Absicherung (der Karriere) im eigenen Unternehmen.

Es ist bekanntermaßen leicht, im Nachhinein Kampagnenentscheidungen infrage zu stellen. Jeder hat es dann immer besser gewusst, und jedem war klar, dass eine Kampagne so nicht klappen konnte. Dieses Entscheidungsklima schreit förmlich nach Absicherungspolitik, und das macht das Thema Marktforschung, insbesondere Pretesting, so delikat.

Eine Krux des derzeit angewandten Marktforschungsinstrumentariums resultiert aus der Tatsache, dass die sprachliche Vermittlung begrenzter ist als nichtsprachlich gemachte Erfahrungen. Es gibt Dinge, die nicht in unser grammatikalisches Ausdrucksschema hineinpassen und durch ein anderes Schema als die Sprache begriffen werden müssen. Das Bild (insbesondere das bewegte) ist ein Medium eigener Aussagekraft, das kaum durch Worte ersetzt werden kann.

Die wesentliche Problematik des Bildverstehens, der Rezeption von Werbespots, Anzeigen etc. liegt im Transfer eines nichtsprachlichen in ein sprachliches Medium. Aber gerade das wird von den Probanden gefordert. Die visuell oftmals emotionale Bedeutung eines Bildes soll bei einem Konzepttest in einen sprachlichen Ausdruck überführt und beurteilt werden.

Wir sind der Auffassung, dass die bildliche Erscheinungsform nicht hinreichend zu beschreiben ist. Bilder sind nämlich deshalb nur begrenzt mit sprachlichen Mitteln zu beschreiben, weil ihr Potenzial in dem Ausdruck des Unausdrückbaren liegt. „Auf dem Bild ist ein Kreidefelsen – offensichtlich an der Küste Rügens – zu sehen" gibt keinen verlässlichen Hinweis über den Gesamtzusammenhang der erfahrenen Rezeption eines Caspar-David-Friedrich-Bildes.

Da Bilder auch nichtsprachlich zu übersetzende Elemente enthalten, müssen diese Elemente mit ebensolchen nichtsprachlichen Ausdrucksmitteln erhoben werden. Nur so können auch die emotionalen Anteile der erinnerten Medienerlebnisse angesprochen werden. Ein solches Instrumentarium stellt die Marktforschung bislang aber nicht zur Verfügung.

Natürlich hat es das mittlere Management in Unternehmen schwer, das zwar in Sachen Kommunikation immer nein sagen darf, aber nie entschieden ja. Insbesondere nicht, wenn es um mutige Ausfallschritte geht. Klappt es, hat man lediglich einen guten Job gemacht, und die unternehmerischen Lorbeeren kassieren andere. Klappt es nicht, versteht man nichts von seinem Job. Warum also soll man unnötig Risiken eingehen?

Hier taucht eine Gretchenfrage der Kommunikation auf: Ist Kommunikation grundsätzlich Chefsache? Fest steht: Kommunikation ist zu teuer und zu empfindlich, um sie irgendjemandem in die Hand zu drücken. Sie verdient die besten Köpfe bzw. Bäuche eines Unternehmens. Auf der anderen Seite erfordern Kommunikationsfragen intensive Beschäftigung und Gefühl. Sie können nicht wie andere Investitionsentscheidungen nach einminütiger Zahlenbetrachtung abgenickt werden.

Unsere erste Audi-Präsentation war Dr. Piëch wichtig genug, sich selber eine Meinung zu bilden. Und er nahm sich Zeit dafür. Offensichtlich kannte er die Unart von Werbeleuten, etwas im Rohzustand vorzustellen und es hinterher nach Belieben zu interpretieren. Er bestand darauf, dass die Kampagne exakt so erscheinen sollte, wie sie vorgestellt wurde.

Kommunikation sollte nur dann Chefsache sein, wenn er sie als Mission ernst nimmt. Ansonsten ist sie besser bei einer Person aufgehoben, die Zeit und Talent dafür hat. Und dennoch entscheidungsbefugt ist. Auch wenn es nicht der Unternehmer ist, der entscheidet: Kommunikation ist ein durch und durch unternehmerisches Thema.

Und unternehmerische Entscheidungen sollten nicht auf Sand gebaut sein. Wie aber nutzt man die Möglichkeiten der Marktforschung richtig, um Kommunikation effizienter zu machen? Oder um effizienter Kommunikation zu machen? Dazu im Einzelnen die Erkenntnisse aus unserer Erfahrung.

Beginnend mit dem Thema Pretest: Wirklich neue und innovative Markenauftritte überfordern das Instrument Pretest. Das liegt letzten Endes weniger am Instrumentarium als vielmehr an uns Menschen selbst. Neues akzeptieren wir nur dann, wenn es auch eine Bedeutung für uns hat. Diese erschließt sich bei wirklich Neuem nicht unbedingt im ersten Augenblick, sondern erst im Rahmen und Umfeld einer konzertierten Aktion.

Für Audi sollten wir Spots pretesten, die eine deutlich neue Ausrichtung hatten. Zum Beispiel den Spot „Parfüm", in dem eine elegante Frau ein teures Parfüm in das Kühlwasser gießt. Das Delta zwischen dem neuen Anspruch der Marke Audi und dem bisherigen Bild der Marke erschien den Befragten als unüberbrückbar breit. Der neue Auftritt war absolut unglaubwürdig. Und im Sog dieser Unglaubwürdigkeit wurden die TV-Konzepte dann auch grundsätzlich abgelehnt. Würde man solche Testergebnisse ernst nehmen, wären alle Marken-Relaunches zum Scheitern verurteilt.

„Illustrated Marketing", wie wir verächtlich Werbekonzepte nennen, die ohne jedes kreative Dazutun ein Marketingkonzept fast wortwörtlich umsetzen, wird zwar in Pretests leicht verstanden und hingenommen, entwickelt im Markt aber kaum Momentum. Will man jemandem demonstrieren, dass man sympathisch ist, sollte man es ihm tunlichst nicht eins zu eins sagen. Sondern überraschend und überzeugend demonstrieren.

Klischees machen den Befragten zwar sehr schnell deutlich, wo ein Unternehmen mit seiner Marke hinmöchte. Und dieses Verständnis wird grundsätzlich positiv bewertet und fördert auch eher die Akzeptanz der vorgestellten Konzepte. Andersherum irritiert erst einmal alles, was überrascht und zu einer intensiveren Auseinandersetzung führt.

Hier tritt das berüchtigte Werbeleitersyndrom ein. Die Testperson mutiert auf dem Weg von der Fußgängerpassage zum Teststudio von einem völlig normalen Menschen zu einem Ich-muss-schlau-wirken-weil-ich-befragt-werde-Menschen. Er stellt von emotional auf rational um und äußert Dinge wie: „Ich verstehe es zwar, aber draußen wird es keiner verstehen."

Vergessen wir nicht: Jeder, der sich als Proband auf eine Testsession einlässt, möchte intellektuell agil erscheinen. Und er wird sich distanziert fragen: Was wird das Unternehmen mit dieser Werbung beim Verbraucher bewirken wollen? Anstatt dass er sich selbst für den avisierten Verbraucher hält. Die Problemlösung ist einfach:

WIR SOLLTEN DEM VOLK AUFS MAUL SCHAUEN,
ABER NICHT NACH DEM MAUL REDEN.

Oft geht es um Emotionen, und zwar um die ganz spezifischen Emotionen, die zielgerichtet einer Marke zugesprochen werden sollen. In Pretests, die ja zur Vermeidung von fehlgeleiteten Produktionskosten vor der Umsetzung einer Kampagne stattfinden sollen, wird aber mit eher hilflosen Mitteln an die Fantasie der Befragten appelliert.

www.sparkasse.de

Wie soll ein normaler Mensch, der täglich von allen Seiten mit emotionalen Botschaften in perfekter Inszenierungsqualität konfrontiert wird, anhand von billigen Cartoons (Animatics), ungewohnter Bilderbuchtechnik (Storyboards), mehr oder weniger gekonnten Schilderungen von Mafo-Moderatoren oder aus bekannten Bildern neu zusammengeschnittenen Layoutfilmen (Stealomatics) emotionalisiert werden? So tiefgehend, dass er bereit ist, eine Marke zu mögen, zu lieben, zu kaufen?

Es wird zwar sogar in Hollywood inzwischen bei den meisten großen Produktionen getestet, welche Story-Endings besser beim Publikum ankommen. Aber in perfekter Inszenierung: Der fertige Film wird einfach in unterschiedlichen Versionen geschnitten und vorgeführt. Und das Publikum hat dann die Qual der Wahl. Es ist aber eben ein großer Unterschied, befragt zu werden, wie man unterhalten werden möchte oder wie man verführt werden möchte.

Mutige, insbesondere politisch unkorrekte Ideen werden aus dem Druck des quasi öffentlichen Statements in einer Befragung immer eher abgelehnt. Egal ob in Einzelbefragungen oder Gruppendiskussionen. Der unterstellte Rechtfertigungsdruck, sich gegen die etablierte Sichtweise zu entscheiden, und das auf dem banalen Gebiet der Werbung, ist oft zu hoch. Auch die Kraft von Humor ist schwer in improvisierter Form zu testen. Es läuft immer ein bisschen auf die detaillierte Erklärung eines Witzes hinaus – mit der anschließenden Frage:

HÄTTEN SIE DARÜBER
GELACHT?

Unvermeidbar sind kreative Hinweise aus jeder Art von Tests. Zum einen, weil sich jeder gerne als besser wissender Werbemann betätigt. Genauso wie als besser wissender Fußballtrainer oder Politiker. Zum anderen, weil es zur jeweiligen Illustration der dargestellten Meinung unvermeidbar ist, über Alternativen, Interpretationen oder vermeintliche Optimierungen der Testkonzepte zu sprechen. Das kann einen natürlich inspirieren, sollte aber keineswegs zu ernst genommen werden.

Ein in der Praxis sehr häufiger Fall: Eine Kampagne wird getestet, und ein Motiv dieser Kampagne erweist sich als der klare Testsieger. Nun analysiert der Auftraggeber diesen Testsieger und sagt der Agentur sinngemäß: „Spiel's noch mal, Sam!" Genau das geht schief.

Wann immer jemand aus Kunst und Kultur versucht hat, seinen größten Erfolg zu wiederholen, ging es schief. Und die wirklichen kreativen Größen haben es nie getan. Bach hätte sich sagen können: Die Brandenburgischen Konzerte waren mein größter Hit, also schreibe ich noch mal etwas in der Art. Von uns Werbeleuten wird es immer wieder verlangt.

Wenn Pretests also schnell an ihre Grenzen stoßen, was könnte dann der Wahrheitsfindung im Vorfeld dienen? Hier haben wir gute Erfahrung mit Konzepttests gemacht. Wenn schon nicht die Inszenierung testen, dann wenigstens das kommunikative Angebot in Form von Konzepttests. Also die Botschaft in ihrer puren Form. Das geht zwar dann nicht, wenn die Inszenierung untrennbar mit der Botschaft verbunden ist. Wie in der Sixt-Kampagne, in der bestimmte Preisangebote allein eher langweilig daherkämen und sicherlich auch in einem Konzepttest keinen begeistern würden. In der Sixt-typischen Tonalität jedoch ungemein gewinnen und begeistern können.

Aber in anderen Produktfeldern hat uns das schon geholfen. Zum Beispiel für ein bekanntes Desinfektionsmittel für den Privathaushalt. Aus einem breiten Angebot entschieden sich die Befragten in einem Konzepttest für folgende Variante: „Man muss kein Hypochonder sein, und ein bisschen Dreck braucht unser Immunsystem zur täglichen Fitness, aber in bestimmten Situationen ist das Produkt wirklich nützlich."

Nachdem der Test hier mehr Sicherheit gebracht hatte, war es nicht nur einfacher, kreative Ideen für dieses Angebot zu erarbeiten. Auch die anschließende Entscheidung über die Kampagne fiel leichter. Die Zielsetzung war klar, die Befindlichkeit der Verbraucher dem Angebot gegenüber ebenfalls. Man konnte sich sachlich entscheiden. Man schlug nicht das Hündchen und meinte das Herrchen. Was häufig der Fall ist, wenn man Botschaft und Inszenierung in einem diskutieren muss.

Allgemein gilt: Je deutlicher man die Elemente eines kommunikativen Angebots separat checkt, desto transparenter, eindeutiger und konstruktiver die Erkenntnis. Das gilt insbesondere für das grundsätzliche Analysieren und Bewerten von Kommunikation.

Kampagne und Markenimage sollten kontinuierlich in ihrer Wirkung observiert werden. Wenn man hier ein Instrumentarium installiert und langjährig durchhält, gewinnt man wirklich wertvolle Erkenntnisse darüber, wie man mit der Marke kommunikativ umgehen kann und soll.

Effizienzrückschlüsse fallen deutlich leichter, wenn man sich einerseits anschauen kann, ob Werbung wahrgenommen wurde, und andererseits, was sich im Markenimage in welchem Zeitraum konkret getan hat. Auch den Einfluss von weiteren Rahmenbedingungen wie Status der Marke in den Medien, bestimmte Entwicklungen im Unternehmen selbst, die Einfluss auf das Image haben könnten, und gesellschaftspolitische Rahmenbedingungen kann man so besser gewichten.

Keine marktforscherische Einzelmaßnahme kann hier die Erkenntnistiefe von Werbemonitoring und Imagetracking bieten: Nach einer einer Null-Welle zu Anfang, einem konstanten Testdesign und mindestens vier Abfragewellen mit mindestens 200 Befragten pro Jahr bekommen alle Verantwortlichen ein Gefühl für den Status der Marke im Bewusstsein der Verbraucher. Und vor allem dafür, wie sich die Marke im Laufe der Zeit entwickelt.

Übrigens, wann immer über Möglichkeiten der Erfolgsbeteiligung einer Agentur diskutiert wird, hier liegen die Möglichkeiten einer konkreten Erfolgs- und Zielvereinbarung. Im Idealfall wird sowohl ein Monitoring als auch ein Tracking etabliert, die beide im Anfragemodus voneinander unabhängig sind. So kann man die Ergebnisse besser interpretieren, weil die Befragten selbst keinen direkten interpretatorischen Verknüpfungen von Werbung und Markenimage erliegen können. Man kann sich ganz entspannt anschauen, wie die Werbung wahrgenommen wurde und was sich bei der Marke getan hat.

Das kann zu verblüffenden Ergebnissen führen: Unser TV-Spot „Mein Haus, mein Auto, mein Boot“ für die Sparkasse hat nicht nur eine Redensart geprägt, sondern führte schon nach wenigen Tagen Laufzeit zu aufgeregten Diskussionen. Man warf dem Spot politische Unkorrektheit vor. Nicht nur, weil er die Symbole einer oberflächlichen Konsumgesellschaft verherrliche, sondern auch, weil er mit dem Passus „Meine Pferdepflegerinnen“ auch als frauenfeindlich empfunden wurde.

Zu unserem Glück konnte per Imagetracking das Momentum des Spots nachgewiesen werden: Die Anlagekompetenz der Sparkasse konnte signifikant gesteigert werden. Und das ganz besonders bei Frauen.

# 11. KAPITEL

# PENETRATION UND PENETRANZ: DIE UNGLEICHEN BRÜDER

## ÜBER GRÖSSE IN DER KOMMUNIKATION

Alain Prost war ein großer Rennfahrer. Er fuhr viele große Rennen und wurde danach groß gefeiert. Manchmal allerdings machte er auch große Fehler. Dann war der 166-Zentimeter-Mann für alle der große Verlierer. Als die Knapp-150-Zentimeter-Frau Edith Piaf starb, titelten die Zeitungen: Die große Piaf ist tot.

Warum sind wir fast immer enttäuscht, wenn wir einen berühmten Menschen leibhaftig erleben? Weil wir ihn uns "bigger than life" vorgestellt haben. Wann immer Sie Gelegenheit haben, Madonna oder Maradona gegenüberzustehen, wird Ihnen ein überraschendes Gefälle auffallen. Es ist nicht das Gefälle zwischen Ihnen und dem Star. Sondern das zwischen Ihrer Vorstellung von ihm und der Realität.

Wer eine Person beschreiben will, erfasst zunächst die Körpergröße und das, was wir Figur nennen. Körpergröße ist ein Karrierefaktor. Größe weckt Vertrauen. So, wie das Rotkäppchen im Märchen dem Wolf vertraut, vertraut man auch großen Menschen mehr als kleineren Menschen.

Große Menschen erzeugen Unterwürfigkeitsinstinkte aus grauer Vorzeit. Und der große Mensch fühlt, dass er groß ist und dass er derjenige sein kann, der vorausgeht. Große Menschen werden vorgeschickt. Und mit "Short People and Little Criminals" kommentiert Randy Newman ironisch seine fehlenden Zentimeter.

Es ist unzweifelhaft, dass Größe eine inhaltliche Dimension hat. Es gibt große Neuigkeiten, große Sensationen und großen Erfolg. Gemeint sind bedeutende Neuigkeiten, bedeutende Sensationen und bedeutende Erfolge. Größe steht für nichts anderes als für Bedeutung.

Jeder Mensch hat gelernt: Was groß in der Zeitung steht, ist bedeutend. Was einspaltig klein dasteht, ist nebensächlich. Jeder Mensch erlebt täglich: Was in der Tagesschau minutenlang berichtet wird, ist weltbewegend. Was nur kurz gestreift wird, ist vergleichsweise unwichtig.

Wenn die Bild-Zeitung auf Seite eins formatfüllend „Schumi Unfall" schreibt, denkt man sofort an etwas Schlimmes. Wenn der gleiche Text im Kleingedruckten steht, denkt man: Michael Schumacher wird sich bei Testfahrten den Frontspoiler verbogen haben.

GRÖSSE VERÄNDERT **DEN INHALT**, egal ob in der Bild-Zeitung oder der F.A.Z. Das physikalische Gesetz der Kommunikation lautet: "The size is the message."

Als in Berlin das Kanzleramt eingeweiht wurde, richtete sich die Kritik gegen die Größe des Bauwerks. Das wiedervereinte Deutschland repräsentiere mit einem zu großen, zu teuren, kurz, mit einem monumentalen Verwaltungskomplex. Hier wird Größe zum Insignium von Macht. Es ist nicht nur die Bedeutung, die sich verändert. Es ist auch der Respekt, der steigt.

Gotteshäuser und Jil-Sander-Shops sind aus keinem anderen Grund so hoch gebaut, als dem, dass sich der Mensch klein fühlt. Die Höhe des Raums flößt Respekt und – im wahrsten Sinne des Wortes – Hochachtung ein. Und diese Hochachtung bringt zählbaren Erfolg. Schließlich muss es sich rechnen, wenn Verkaufsräume weltweit über zwei Etagen gebaut werden und entsprechend viel Miete und Energie verschlingen.

Warum ist es für Werbungtreibende so schwer, dieser Gesetzmäßigkeit zu folgen? Warum erkennen sie nicht, dass ihre Produkt- oder Markenbotschaft durch ein großes Format wichtiger erscheint? Warum nutzen sie die einfachste Chance nicht, ein höheres Momentum zu erzielen? Weil die meisten Werbungtreibenden in Frequenzen denken. Sie gehen im vorauseilenden Misstrauen davon aus, dass ihre Botschaft so uninteressant ist, dass sie so oft wie möglich wiederholt werden muss.

Dabei sind Wiederholungen von vornherein hilflos. Jeden Morgen wird tausenden von Vielfliegern erklärt, wie sie die Sicherheitsgurte anlegen sollen und wo im unwahrscheinlichen Fall eines Druckverlusts die Sauerstoffmaske herausfällt. Die Luftfahrtbehörde schreibt diese Ansage vor, aber kein Mensch hört zu.

Jeder ist enttäuscht, wenn ein Vortrag sich als Wiederholung entpuppt. Niemand mag abgedroschene Thesen hören. Jung ist jedes Mal beleidigt, wenn in einem Meeting dasselbe zwei- oder dreimal gesagt wird:

„HALTET IHR MICH FÜR SENIL?“

Warum soll es dem Verbraucher anders gehen, wenn an einem Fernsehabend dasselbe sechsmal gesagt wird?

Kein Zeitungsredakteur würde bei einem packenden Artikel sagen: Der muss aber mindestens sechsmal kommen. Auch ein Fernsehsender kann sich nicht über Wiederholungen profilieren. Die Quote fällt mit jeder Ausstrahlung. Und das Image des Senders leidet. Trotzdem versuchen die meisten Werbungtreibenden, die Häufigkeit ihrer Schaltungen zu maximieren.

Es gibt nur zwei Formen von Werbung, bei der dies wirklich sinnvoll ist: Werbung für eine Marke, für die ständige Medienpräsenz wichtig ist. Und Werbung, die so langweilig ist, dass man sie nur im Rahmen einer Gehirnwäsche platzieren kann. Dumpfes Trommeln, bis der Verbraucher irgendwann seinen Widerstand aufgibt, ist eine hilflose Kommunikationstaktik. Sie entspricht der Denke, die deutsche Soldaten nach dem Krieg sagen ließ: „Die Russen sind dumm, aber es waren zu viele."

Im alten Dilemma zwischen Format und Frequenz haben wir eine klare Meinung. Wir glauben: Werbung muss ein Erlebnis sein, das der Verbraucher mit einer Marke hat. Wenn dieses Erlebnis stark ist, reicht eins aus. Wenn es schwach ist, sind auch zehn noch zu wenig.

## DER VERBRAUCHER FÜHLT, ABER ER ZÄHLT NICHT MIT.

Unser Auftraggeber Sixt hat diese Erkenntnis schon früh gehabt. Von der ersten Anzeige an ging es immer um den Marktführeranspruch der Marke. Kleine Formate kamen schon deshalb nicht infrage. Die Marke sollte nie als vorsichtig taktierend, sondern von Anfang an als Platzhirsch erlebt werden. Um diese Strategie leistbar zu machen, konzentrierte man sich ganz auf die Zielgruppe Geschäftsreisende.

Die alte Forderung nach kommunikativer Ubiquität ist zu überdenken. In unserer Kommunikationsgesellschaft ist es auch mit beeindruckenden Etats sehr schwer geworden, jederzeit und überall präsent zu sein. Die Konkurrenz, gerade auch durch die Medien selbst, ist zu groß geworden. Penetration durch Penetranz muss ersetzt werden durch Momentum. Und Momentum ist untrennbar verbunden mit einer Highlight-Denke.

Dass diese Denke nicht nur den Inhalt betrifft, sondern auch die Form einschließt, erfuhr von Matt schon im zarten Alter von neun Jahren. Graziella war der Schwarm aller Jungs in seiner Klasse. Auch von Matt war verknallt und wollte ihr das irgendwie mitteilen. Er nahm den üblichen Zettel und schrieb darauf: „Ich will mit Dir gehen."

Graziella zögerte nicht und zerriss den Zettel vor seinen Augen. Andere hätten sich jetzt vielleicht einen fantasievolleren Text ausgedacht. Von Matt entschloss sich aber, das Medium zu optimieren, und schrieb den gleichen Text auf ein Stück Pappe. Doch Graziella riss auch diese Botschaft in zwei Stücke.

Am nächsten Morgen kam von Matt keineswegs niedergeschlagen in die Schule, sondern bestens gelaunt. Er öffnete seinen Schulranzen und überreichte Graziella den inzwischen vertrauten

Hier eine Liste aller Einwohner, die ihre Fernsehgebühren nicht bezahlen:

**DEUTSCHE STÄDTE-MEDIEN „FERNSEHGEBÜHREN", PLAKAT 1994:**

ANSTELLE VON NAMEN STAND AUF DEM PLAKAT TAUSENDFACH: „PLAKATE MACHEN NEUGIERIG!" WIR WOLLTEN NICHT NUR BEHAUPTEN, DASS AUSSENWERBUNG WIRKUNG ZEIGT. SONDERN ES DEN MEDIAVERANTWORTLICHEN FÖRMLICH BEWEISEN. DIE KAMPAGNE WURDE ZUM EREIGNIS: VIELE RADIO- UND FERNSEHSENDER BERICHTETEN AUSFÜHRLICH.

Text – diesmal auf einem Holzbrett. Sie lächelte. Und von Matt war mit der Kommunikationsleistung hoch zufrieden.

Vielleicht war das sein Aha-Erlebnis in Sachen kreativer Medialität, sicher hat er aber eins gelernt: dass man eine Botschaft nachhaltiger platzieren kann, wenn man den Adressaten überrascht. Überraschende Details haben bei einer Verführung eine besondere Kraft. Und nichts anderes als Verführung ist unser Geschäft.

Viele Werbungtreibende denken, dass die Bedeutung einer Werbebotschaft in den beworbenen Produkten und Dienstleistungen selbst steckt. Das ist gut, weil selbstbewusst, aber nur ansatzweise richtig. Produkte und Dienstleistungen oder – allgemeiner: die Dinge – enthalten Bedeutung nicht in sich wie eine russische Matroschka eine andere.

Was aber heißt dann Bedeutung, und woher kommt Bedeutung? Bedeutung entsteht bei jeder Art von Tätigkeit nur dadurch, dass Menschen in der Lage sind, Dinge miteinander zu vergleichen. Kein Verkehrsteilnehmer würde auf den Gedanken kommen, die Bedeutung von Straßenschildern nach Größe und Gewicht zu unterscheiden. Firmenchefs hingegen haben in den Köpfen der Leute immer große Büros und fahren schwere Limousinen. Erfolgreiche jedenfalls. Die Unterscheidungskategorie ist der zugesprochene Raum. Wird unsere Erwartung nicht erfüllt, werden wir zumindest stutzig.

In der Werbung ist die einfachste Art der Unterscheidung die Größe des Formats. Erst wenn wir Produkte voneinander unterscheiden können, können wir ihnen auch eine separate Bedeutung beimessen. Ein großes Format hilft uns dabei auf ganz einfache, aber sehr wirkungsvolle Weise.

Für die Werbung bedeutet dies: Die 1/1-Seite und der 20-Sekunden-Standardspot bedienen lediglich unsere gewohnheitsmäßige Vorstellung von Werbung. Sie tragen aber nicht dazu bei, Produkte oder Dienstleistungen unterscheidbar zu machen, geschweige denn, ihnen besondere Bedeutung beizumessen.

Wahrscheinlich ist das auch der Grund, warum es so schwer fällt, wirklich Neues entstehen zu lassen und zu akzeptieren. Alles, was die Einheit von Wort und Bild, Vorstellung und Name auseinander reißt, wirkt irritierend. Die Erde ist eine Scheibe, ein Spot 20 Sekunden lang und eine Anzeige 1/1 groß. Aber ist das Irritierende, das Ungewöhnliche nicht die Voraussetzung für eine Unterscheidung? Und diese nicht die Voraussetzung für eine herausgehobene Bedeutungszuweisung?

Eine hohe Frequenz kann diesen Bedeutungsmangel nicht kompensieren. Frequenz löst genau das Gegenteil von Bedeutung aus. Wer etwas ständig wiederholt, demonstriert geradezu Belanglosigkeit und schwächt das Gesagte mit jedem Mal.

Schon als Kind lernt man: Dinge, die einem wichtig sind, müssen nur einmal gesagt werden, um verstanden zu werden: „Morgen bekommt ihr Hitzefrei." Dinge, die einem unwichtig sind, müssen ständig wiederholt werden:

„NIMM DEINEN ELLBOGEN VOM TISCH."

Seitdem es ambitionierte Werbeleute gibt, versuchen sie, ihre Auftraggeber von großzügigen Formaten zu überzeugen. Doch oft auf verlorenem Posten. Ihr Problem: Die Recall-Rechnung geht nicht auf. Eine Doppelseite kostet in der Regel das Doppelte einer 1/1-Seite. Aber sie erzielt nur etwa den 1,6fachen Erinnerungswert. Auch der Zusammenhang von Anzeigenformat und Betrachtungsdauer bzw. Couponrücklauf ist nicht ganz linear.

Deshalb flüchteten Werbeleute in qualitative Argumentationen. Sie sagten: Ein großzügiges Format stellt die Marke größer dar. Ein großzügiges Format wirkt souveräner. Ein großzügiges Format drückt Selbstbewusstsein und Entschlossenheit aus, was sich positiv auf das Image auswirkt.

Unser Ehrgeiz bestand darin, diese Diskussion endlich zu einem quantifizierbaren Ergebnis zu führen. Und dafür haben wir einen spektakulären Test in Auftrag gegeben. Die These: Rezipienten einer Werbeaussage weisen ihr mehr Bedeutung zu, wenn sie in einer größeren Anzeige bzw. in einem längeren TV-Spot kommuniziert wird. Diesen qualitativen Trend wollten wir quantitativ erfassen.

Es ist nahe liegend, dass es einen positiven Zusammenhang zwischen dem Format und der Bedeutungszuweisung gibt. Doch das reichte uns nicht aus. Wir wollten mit Zahlen belegen:

## WIE VIEL GRÖSSE
### BRINGT WIE VIEL BEDEUTUNGSZUWACHS?

Unser erster Versuch arbeitete mit einem redaktionellen Inhalt. Ende 1999 ließen wir Testpersonen eine fiktive Nachrichtensendung ohne Ton betrachten. Eine der Meldungen war ein Flugzeugabsturz, der mit einem dieser typischen Trümmerbilder dokumentiert wurde. Wichtig war, dass das Trümmerbild keinen Rückschluss auf die Größe des Flugzeugs zuließ. Unter dem Bild stand nur das Wort „Flugzeugabsturz“. In der ersten Version war dieses Bild nur 5 Sekunden sichtbar. In der zweiten Version 30 Sekunden.

Nun fragten wir die Probanden ab. Alle 60 konnten sich an die Meldung vom Flugzeugabsturz erinnern. Nun kam die entscheidende Frage: Wie viele Opfer gab es? Die 5-Sekunden-Gruppe kam auf durchschnittlich 28. Sie ging wohl von einem kleineren Flugzeug oder von einer Privatmaschine aus.

Die 30-Sekunden-Gruppe kam auf durchschnittlich 110. Sie ging instinktiv von einer großen Verkehrsmaschine aus. Der Versuch ermutigte uns, weiterzuforschen. Wir wollten in einem zweiten Versuch nachweisen, dass sich die Bedeutungszuweisung auch bei einer Werbebotschaft verändert.

Wir gestalteten für vier Marken jeweils zwei Anzeigen. Die eine war doppelseitig, die andere einseitig. Die Anzeigen wurden dann in eine Publikumszeitschrift eingebunden. Die Aufgabe der Probanden bestand darin, die Zeitschrift durchzublättern und anschließend eine einzige Frage zu beantworten: Beim ersten Anzeigenpaar bezog sich die Frage auf die Größe des Unternehmens, ausgedrückt in der Mitarbeiterzahl, beim zweiten auf den Heftumfang einer Zeitschrift, beim dritten auf die Leistungsfähigkeit eines Motors und beim vierten auf die Dichte eines Vertriebsnetzes.

Und siehe da: Die größere Anzeige hatte im wahrsten Sinn des Wortes jeweils höhere Ergebnisse. Ein Mehr an Momentum. Im Durchschnitt lagen die Angaben der Probanden bei der Doppelseite um das 1,6fache über der Einzelseite. Das Ergebnis beweist erstmals rechnerisch, dass ein doppelt so großes Format effizienter ist: Es bringt nicht nur den 1,4fachen Impact, sondern zusätzlich die 1,6fache Bedeutungszuweisung.

Plötzlich rechnet sich eine Doppelseite! Denn es ist ein qualitativ völlig anderer Sachverhalt, wenn mit einer Doppelseite eine wesentlich höhere Bedeutung assoziiert wird. Sicherlich ist die Untersuchungsbasis noch zu erweitern, das Forschungsdesign noch zu verfeinern. Aber das Ergebnis zeigt eine Tendenz. Und beendet damit das hilflose Gerede von der größeren Souveränität und der stärkeren Imagewirkung.

Wir sind stolz darauf, dass wir die Formatdiskussion um eine konkrete Zahl bereichert haben. Und haben weniger Verständnis für Kleinformate als je zuvor. Wer zum Club der Bedeutungsvollen gehören will, muss sich ein bedeutungsvolles Format leisten. In der Kommunikation ist es wie im Ausflugslokal:

## AUF DER TERRASSE GIBT ES NUR KÄNNCHEN.

Es ist nahe liegend, dass diese Empfehlung eine natürliche Grenze hat: die Armutsgrenze. Nicht jeder kann sich große Formate leisten. Doch auch für den Werbungtreibenden mit dem berühmten „begrenzten Etat“ gibt es sinnvolle Wege, seine Werbung größer erscheinen zu lassen.

Ironischerweise ist es aber oft viel leichter, einen kleinen Werbungtreibenden von großzügiger Formatpolitik zu überzeugen als einen der Big Spender. Leute, die einen 100-Millionen-Euro-Etat verantworten, denken insgesamt quantitativer. Sie neigen mehr zur Erbsenzählerei als diejenigen, für die Werbung an sich schon teuer ist und die sich deshalb sagen: Wenn schon, denn schon.

Leider werden Werbungtreibende mit bescheidenen Mitteln oft von den Faustformeln der Big Spender angesteckt und abgeschreckt. Wir glauben: Alle Faustformeln, die Mediaplanung betreffen, sind falsch. Es gibt kein Mindestbudget für Fernsehwerbung. Es gibt keine Mindestfrequenz für Anzeigen. Es gibt nur irreführende Durchschnittswerte von Mediaforschern, die im Einzelfall nicht weiterhelfen.

Ist es falsch, wenn ein TV-Spot nur einmal vor einer Formel-1-Siegerehrung erscheint und dort 8 Millionen Autobegeisterte trifft? Ist es falsch, wenn ein TV-Budget darauf verwendet wird, Trailer vor jedem Basketball-Bundesligaspiel zu schalten? Keineswegs. Falsch ist Standarddenke in der Kommunikation.

Unabhängig von Frequenz und Format wundern wir uns immer wieder, dass Auftraggeber einerseits viel Geld investieren, um einen kreativen Ansatz im Werbekonzept zu finden, ihnen andererseits aber ein kreativer Ansatz in der Mediaplanung völlig gleichgültig zu sein scheint.

Warum sind TV-Spots immer entweder 20 oder 30 Sekunden lang? Warum wird hier immer wieder die „Deutsche Industrie-

JUNG v. MATT/Elbe

LKW
Diesel

Diesel
Super
Plus
bleifrei

DEA
www.dea.de

Norm" verlangt und angeboten? 85 % aller deutschen TV-Spots entsprechen dieser Norm. Das Ergebnis ist der einschläfernd gleichmäßige Rhythmus im Werbeblock.

Wenn, wie so oft in einem Briefing, die Länge eines TV-Spots mit „30 Sekunden" vorgegeben ist, werden unsere Kreativen zu Recht rebellisch: Lasst uns über einen 60-Sekünder nachdenken! Oder über einen 5-Sekünder! Oder wie wäre es mit 32 Sekunden? Oder zehnmal 3 Sekunden?

Die Länge der standardisierten Spots ist übrigens nicht aus einem diffusen Geiz heraus geboren. Sie hat einen historischen Ursprung: Sie hat sich aus einer Zeit herübergerettet, in der Mediennutzung und Medienvielfalt noch völlig anders aussahen als heute.

Erinnern wir uns: Die Belegung von Werbezeiten war bis in die zweite Hälfte der 80er Jahre auf die öffentlich-rechtlichen Fernsehkanäle beschränkt, private Fernsehprogramme waren zu dem Zeitpunkt noch mit der Schaffung der programmrechtlichen und gesellschaftsrechtlichen Voraussetzungen für eine erfolgreiche Lizenzbewerbung beschäftigt.

Erst 1987 wurde mit dem Rundfunkstaatsvertrag eine bundeseinheitliche Grundlage als Rahmenvorgabe für die Landesmediengesetze geschaffen. In der Folge konnten dann Werbezeiten auf privaten Fernsehkanälen gebucht werden. Attraktiv wurden diese Anbieter durch einen sprunghaften Anstieg der technischen Reichweite und das Aufbrechen des Rechtemonopols. Eine Mediarevolution setzte ein.

So erwarb beispielsweise RTL plus – wie der Sender damals hieß – die Rechte für die Fußball-Bundesliga und Wimbledon. Bis dahin beschränkten sich die Möglichkeiten der Schaltung von Fernsehwerbung auf ARD und ZDF zwischen 18:00 und 20:00 Uhr. Beide Sender finanzierten sich vorrangig über Gebühren. Der ihnen zugewiesene Grundversorgungsauftrag schloss eine stärkere Kommerzialisierung des Programms aus.

Seinen Buchungswunsch durfte man also bis Ende September des Vorjahres bei den Sendern einreichen. Dann wurde zugeteilt. Als Newcomer hatte man das Recht auf 90 Sekunden pro Monat. Große, kontinuierlich buchende Werbungtreibende wurden bevorzugt bedient.

Es war wie bei einem Erfolg versprechenden Börsengang: Jeder Werbungtreibende zeichnete damals auf Teufel komm raus, um möglichst viel Schaltvolumen zugewiesen zu bekommen. Und mit dem, was man schließlich an Werbezeit bekam, musste man sorgsam haushalten.

Zum Glück gibt es heute diese Not nicht mehr. Heute bekommt man alles, fast alles. Natürlich gibt es auch heute noch sehr begehrte Sendezeiten und -plätze, die schnell ausgebucht sind. Aber ansonsten kann – und muss man – das Medium TV so behandeln, wie einst nur die illustrierte Presse: Man muss umfeldadäquat planen und belegen. Oder anders gesagt: Man kann endlich zielgruppen- und interessenadäquat buchen! Und damit endlich auch im emotionalsten aller Medien spezifische Segmente ansprechen, die früher im Medium TV dem Argument Fehlstreuung zum Opfer gefallen wären.

Jetzt kann es nicht mehr um vorsichtiges Haushalten mit den TV-Ressourcen, sondern nur noch um die Qualität des Auftritts gehen. Momentum verträgt sich schlecht mit werbetechnischem Schrotschießen. Jetzt geht es um gezielte Treffer.

VIELE KAMPAGNEN, DIE AUSSERORDENTLICHES **MOMENTUM** BEWIESEN HABEN, BASIEREN AUF UNGEWÖHNLICHEN FORMATEINFÄLLEN.

Eine der ersten ungewöhnlichen Formateinfälle hatte von Matt Anfang der 80er Jahre. Eine Schuhhauskette hatte ihren Werbeetat auf den üblichen Mix verteilt: etwas Tageszeitungen, etwas Kino, etwas Buswerbung, etwas Plakate etc. Von Matt empfahl den Verantwortlichen, alle Mittel auf ein einziges Medium zu konzentrieren. Und zwar ausgerechnet auf Buswerbung. Es entstand die spektakulärste Buswerbung, die Deutschland je gesehen hatte. Jeder Bus hatte seinen eigenen Text. Und jeder dritte Bus der Stadt fuhr für die Schuhhäuser Reklame.

Als wir die Gelegenheit bekamen, für DEA zu präsentieren, suchten wir ein Format, um die überragende Kundenorientierung und Servicekompetenz der Marke darzustellen.

Wir entliehen uns das Sitcom-Format des Fernsehens – kleine Anekdoten an der Tankstelle mit einem festen Darstellerensemble: Herr Ahrens, seine Tochter, Ingo, Frau Tschernoster, Oma Buhl und Herr Doktor Eisendraht. Die ungleiche Truppe spielte sich in die Herzen der Zielgruppe, was an den enormen Effizienzwerten der Kampagne abzulesen war.

Vieles war wie in einer richtigen Sitcom. Wir drehten die Spots in Staffeln. Und als der Tankstellenbesitzer uns plötzlich mit zu hohen Gagenforderungen überfiel, wurde er aus der Serie geschrieben und ersetzt:

AUS HERRN AHRENS WURDE HERR BEHRENS.

Die Sitcom-Idee forderte von den DEA-Werbeverantwortlichen nicht nur, das bewährte 30-Sekunden-Format zu verlassen. Wir konnten nicht einmal genau sagen, wie lang der einzelne TV-Spot wird. Doch sowohl der Auftraggeber als auch die überraschend kooperative Mediaagentur waren einverstanden, dass wir uns auf durchschnittlich 40 Sekunden festlegten.

Es war damals ein Sakrileg in den Augen der Fachleute, als wir für unseren Kunden Audi allen Ernstes einen 60-Sekünder präsentierten. Als dann aber der Spot „Maharadscha“ lief und alle die Begeisterung spürten, die dieser Spielfilm im Mikroformat in den Werbeblöcken auslöste, war man schnell bereit, das Budget zu erhöhen, um dem Spot noch mehr Sichtbarkeit zu verleihen. Es war einer der ersten Spots mit opulenter Spielfilmtypik im deutschen Fernsehen.

Auch unsere BMW-Kampagne begann mit einem außergewöhnlichen Format. Wir konnten BMW davon überzeugen, mit jeder Anzeige ein seitenlanges Event zu schaffen. Die Anzeigenstrecken wirkten wie redaktionelle Strecken.

Als von Matt kurz nach Kampagnenstart seinen Vater fragte, ob er im Spiegel unsere BMW-Anzeige gesehen habe, antwortete der: „Nein, da stand zwar etwas Interessantes über BMW drin, aber eure Anzeige habe ich nicht gesehen.“

Es muss übrigens nicht immer um große Formate gehen, wenn man beeindrucken will. Es kann auch der Ort sein, wo man den Verbraucher überrascht. Und die Art, wie. Ende der 70er Jahre hatte die Marke Kuschelweich als Self Liquidating Offer einen Bären produzieren lassen, der genauso aussah wie der auf der Kuschelweich-Packung.

Der damals junge Mediaplaner Jung sollte eine Aktion konzipieren, um diesen Bären bestmöglich zu vermarkten. Ungeachtet der Zielgruppe Hausfrauen plante er das Kindermagazin Bussi-Bär für Anzeigen ein, in denen der Kuschelweich-Bär zum Kauf angeboten wurde, und hatte großen Erfolg damit.

Die erste mutige Kommunikationstat von Jung. Sie kam einer Revolution gleich. Denn das Magazin war nicht einmal IVW-geprüft und fiel dementsprechend völlig aus dem Denkraster üblicher Mediaplanung.

# 12. KAPITEL

# EINE FAUST HAT MEHR KRAFT ALS FÜNF FINGER

## ÜBER DEN MEHRWERT VON INTEGRIERTEN KONZEPTEN

In den späten 70er Jahren wütete in Amerika eine experimentelle Postpunkband namens Plasmatics. Ein Stück blieb Jung in Erinnerung. Nicht weil es hitverdächtig war. Es war ein fürchterliches Lied, aber es basierte auf einer ungewöhnlichen Idee. Die fünfköpfige Band nahm das Lied in verschiedenen Räumen auf. Ohne Blickkontakt, und ohne dass einer den anderen hören konnte.

Die Kommunikationsauftritte vieler großer Marken folgen, ohne es zu wollen, diesem Beispiel. Die verschiedenen Kommunikationsinstrumente spielen ihr eigenes Lied, und das Ende vom Lied ist ein Chaos. Woran liegt das? Jeder befürwortet die synergetische Wirkung von integrierter Kommunikation.

WARUM IST EINE SACHE,<br>DIE ALLE WOLLEN,<br>SO SCHWER ZU ERREICHEN?

Das erste Problem ist das mangelnde Bewusstsein für den jeweils anderen Kanal. Es gibt nur wenige in der Kommunikation, die vernetzt denken. Die meisten konzentrieren sich auf ihr angestammtes Feld und verschließen die Augen vor den Nachbardisziplinen. Natürlich geht es auch um wirtschaftliche Interessen. Wie beim Kind, das genau darauf achtet, dass sein Geschwisterchen kein größeres Stück vom Kuchen bekommt.

Gleich darauf folgt ein Abgrenzungsproblem: Verschiedene Agenturen bieten verschiedene Kommunikationsdienstleistungen in verschiedenen Kombinationen an. Die Werbeagentur möchte Werbung machen, aber gerne auch weitere Dienste anbieten. Sie kommt sich mit der PR-Agentur ins Gehege, mit der sie sich um Below-the-Line-Aufträge streitet. Und jüngst kamen auch noch die New-Media-Agenturen hinzu, die Markenführung für sich beanspruchten und damit alle bisherigen Kommunikationsdienstleister vor den Kopf stießen.

Und damit sind wir beim Hauptproblem von integrierter Kommunikation, dem Führungsproblem: Wer übernimmt die ideologische Führung der Marke?

Der Grund, warum integrierte Kommunikation bei kleineren Unternehmen wahrscheinlicher ist als bei Großen, ist die geteilte Zuständigkeit. Für Werbung ist der Marketingchef verantwortlich. Für PR der Kommunikationschef. Beide stehen in gewisser Weise in einem Wettbewerb zueinander. Hier findet die

## URSPALTUNG DER KOMMUNIKATION

statt, die dann weiter bis ganz nach unten geht. Der Promotionverantwortliche lässt sich vom Werbeleiter nichts sagen. Der Web-Chef will seine eigene Agenturpräferenz durchsetzen.

Hier hilft nur eins: Kommunikation muss so hoch aufgehängt werden, bis es nur noch eine Person ist. Notfalls beim Vorstandsvorsitzenden. Sonst entsteht nie integrierte Kommunikation, sondern das Gegenteil: konzertierte Geldvernichtung.

Ironischerweise ist das Stück Kommunikation, um das sich der Vorstandsvorsitzende in der Regel selber kümmert, für das er sich Zeit nimmt und auch selber Ideen einbringt, die Weihnachtskarte. Die erscheint ihm deshalb besonders wichtig, weil er sie persönlich unterschreibt. Dabei vergisst er, dass er viel wichtigere Kommunikationsmittel, die nicht nur im Briefkasten von 100 Geschäftsfreunden landen, sondern sich an Millionen Kunden wenden, mit einer viel wertvolleren Unterschrift versieht: mit seiner Marke.

Apropos Briefkasten: Wenige Wochen nachdem wir als Agentur für die Deutsche Post feststanden, bekamen Jung und von Matt einen bemerkenswerten Brief nach Hause – von der Post.

Bemerkenswert war nicht der Inhalt, handelte es sich doch um einen ganz gewöhnlichen Werbebrief, sondern Form, Sprache und Stil. Die ganze Aussendung entsprach genau dem Layout, aber auch der Tonalität der Kampagne, die wir den Post-Leuten präsentiert hatten. Und das, bevor das erste Stück Werbung von uns erschienen war.

Offenbar gab es in diesem Unternehmen eine Person, die das Talent hatte, ein riesiges Orchester an Kommunikationsmaßnahmen so zu dirigieren, dass alle das gleiche Stück spielen. Und das auch nicht erst nach Jahren. Als wir den Kommunikationschef der Deutschen Post, Professor Gert Schuckies, näher kennen lernten, wurde uns klar, was dieses Talent ausmacht: Sensibilität, wenn es darum geht, Kommunikation zu bewerten. Unsensibilität, wenn es darum geht, sie durchzusetzen. Eine geradezu exotisch seltene Mischung.

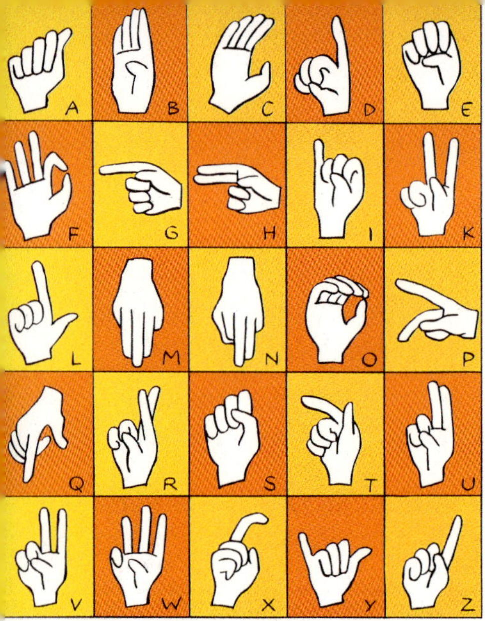


Das Gebärden-Alphabet für Gehörlose

# Gehen Sie zum Hörtest.

# Oder lernen Sie die linke Seite auswendig.

Machen Sie einen Hörtest! Wer will schon gern Zeichensprache lernen? Schicken Sie uns diesen Coupon. Sie bekommen einen Gutschein und Adressen von Hörgeräte-Akustikern. Fördergemeinschaft Gutes Hören, Willibaldstr. 7, 90530 Wendelstein.

Name: ....................................................

Adresse: ....................................................

....................................................

BESSER HÖREN

**BESSER HÖREN „GEBÄRDENSPRACHE", PRINT 1995:**

ES IST NICHT EINFACH, EINEN VERBAND VON EINER KLAREN, EINDEUTIGEN KOMMUNIKATIONSSTRATEGIE ZU ÜBERZEUGEN. ABER ES WAR NOCH SCHWERER, EINE PROVOKANTE, AUFMERKSAMKEITSSTARKE KAMPAGNE DURCHZUHALTEN. AUCH DIE HOHEN COUPONRÜCKLÄUFE HALFEN UNS NICHT. NACH KNAPP ZWEI JAHREN MUSSTEN WIR DEN ETAT WIEDER ABGEBEN.

ILLUSTRATOR: PHILIPPE PETIT-ROULET

Vor Jahrzehnten wurde integrierte Kommunikation noch recht einfach gehandhabt: Man nehme ein Key-Visual, am besten eine Anzeige. Mit einer möglichst auf maximal sieben Wörter verkürzten Schlagzeile wird ein Plakat daraus. Mit einer modifizierten Schlagzeile und anderem Text plus Auszug des Mediaplans eine Fachanzeige. Mit der Anzeige hat auch der TV-Spot schon sein Schlüsselbild gefunden. Davor soll das Produkt genutzt bzw. genossen werden. Möglichst mit einer prägnanten Musik oder einem markanten Sprecher, damit auch gleich die Synergie mit den Funkspots möglich ist. Immerhin.

Bei der integrierten Kommunikation von heute wird man den Verdacht nicht los, dass es den Agenturen primär um die Wertschöpfung der jeweiligen Etats geht. Und weniger um kraftvolle, synergetische Auftritte.

Natürlich hat auch die Schwerpunktverlagerung der Medien entsprechende Folgen für das Integrationsverhalten gehabt: Der TV-Spot wurde zur Norm und die Anzeige damit zur verdichteten Schlüsselszene des Spots.

Egal, von wo aus man die Sache startet, an irgendeiner Medienfront leidet die kreative Qualität.

DAS EWIGE

# DILEMMA

DER MARKETINGKOMMUNIKATION BLEIBT:

# SUBOPTIMALE INTEGRATION ODER SUBOPTIMALE FASZINATION?

Was eigentlich nicht verwunderlich ist, schließlich hat jedes Medium seine spezifischen Anforderungen, die man berücksichtigen muss. Sonst nutzt man die kreativen Chancen nicht, um alles aus diesem Medium herauszukitzeln. Integrierte Kommunikation ist eben nicht ganz so einfach und vor allem nicht so formalistisch zu verstehen.

Wer den Nutzen von integrierter Kommunikation bestreiten will, begibt sich auf rutschiges Parkett. Zu offensichtlich ist, dass alle, die am Kommunikationsauftritt einer Marke beteiligt sind, vom Packungsdesigner bis hin zur Mediaagentur, am gleichen Strang ziehen müssen. Zu nahe liegend ist, dass ein Markenauftritt, der von der Website bis zur Regalnase ein und demselben Look und Spirit folgt, ein höheres Momentum hat als Kraut und Rüben.

Wir haben unsere angestammte Disziplin klassische Werbung immer mit viel Leidenschaft und Perfektionismus verfolgt. Klar, dass uns immer wieder ärgerte, wenn benachbarte Kommunikationsdisziplinen diese Search of Excellence vermissen ließen. Wenn beispielsweise eine in der klassischen Werbung von uns betreute Biermarke ein Direktwerbekonzept startete, das weit unter dem kreativen Niveau unserer Kampagne lag. Oder wenn der Messestand einer Automobilmarke unseren Werbeauftritt geradezu konterkarierte.

Nach dem Motto: „MAN WEISS JA, WAS DABEI HERAUSKOMMT, WENN MAN NICHT ALLES SELBER MACHT."

fingen wir an, über weitere Kommunikationsdisziplinen nachzudenken. Über eine New-Media-Agentur, die nicht nur über lukrative Vertriebssysteme nachdenkt, sondern mit Begeisterung an kreative Aufgaben geht. Über eine Direktwerbeagentur, die bei ihren Adressaten mehr erreichen will als nur Rückläufe maximieren.

Und auch über eine Mediaagentur, die nicht nur zählt, sondern auch fühlt und dafür kämpft. Die nicht nur bequeme Standardwege geht, sondern die „Deutsche Industrie-Norm" der Werbung durchbrechen will.

Es war nicht schwer, Leute zu finden, die diesen Geist mittragen. Aber es war auch nicht leicht, ein System zu finden, das das Talent und den Ehrgeiz dieser Leute auf ein und dieselbe Spur bringt. Und wirklich integrierte Kommunikation ermöglicht. Gemäß unserer Neigung, Dinge nach ihrer Wirkung und nicht nach ihrer Ursache zu benennen, sprechen wir auch von kumulativer Kommunikation.

Wir wussten, dass wir nur mit einem innovativen Prozess einen Schritt nach vorne machen können. Dabei kamen uns die neuen Medien zur Hilfe. Im Kern unseres Prozesses steht nämlich der „gläserne Brutkasten", ein abgeschlossener Bereich in unserem Intranet, in dem alle beteiligten Disziplinen ihre kreative Arbeit permanent ausstellen können. Aber Transparenz allein löst das Problem nicht.

Entscheidend war, einen Weg zu finden, mit dem wir Zeitabläufe und Führungsansprüche in den Griff bekamen. Da ein solcher Prozess zwangsläufig von hoher Emotionalität begleitet wird, haben wir die einzelnen Phasen an die zwischenmenschliche Partnerfindung angelehnt:

Nach dem Briefing des Auftraggebers beginnt die „Balzphase", in der alle Kommunikationsdisziplinen unabhängig voneinander nach möglichen Konzepten suchen. Zeitgleich erarbeitet die Effizienz-Planung die Strategie. Beim „Rendezvous" setzen sich alle Disziplinen an einen Tisch und einigen sich auf die Strategie und die Leitidee.

Wie im richtigen Leben ist manchmal ein zweites Rendezvous nötig, um zum Punkt zu kommen.

Danach beginnt die „Rammelphase", in der alle auf der Basis des verabschiedeten Konzepts nach konkreten Ideen suchen. Hier sorgt der bereits beschriebene „gläserne Brutkasten" für die nötige Transparenz. Bei der „Hochzeit" schließlich werden alle Module zu einer konsequenten Präsentation zusammengefügt.

Gibt man die Wortgruppe „integrierte Kommunikation" in eine Suchmaschine ein, werden im deutschsprachigen Raum über 10.000 Dienstleister angezeigt. Diese reduzieren ihre Kreativität aber oft auf das Erfinden neuer Synonyme, die dem Auftraggeber dann als Lösung einer bisher ungelösten Herausforderung verkauft werden. „Vernetzte Kommunikation", „360-Grad-Kommunikation", „ganzheitliche Lösungen" heißen die Zauberworte der Effizienzsteigerung.

**NUR DIE „BUS“, TV-SPOT 2000:**

EINER DER BELIEBTESTEN SPOTS AUF UNSERER SHOWREEL. NUR DER UNGEWÖHNLICHE MUT DES AUFTRAGGEBERS, DIE ÜBLICHEN STANDARDS ZU VERLASSEN UND MIT EINER NICHT WIRKLICH GUT AUSSEHENDEN FRAU FÜR EIN MODISCHES PRODUKT ZU WERBEN, MACHTE DIESEN ERFOLG MÖGLICH. LEIDER MUSSTEN WIR DEN AUFTRAG AUFGRUND EINES KONKURRENZKONFLIKTS ZURÜCKGEBEN.

REGIE: OLIVIER VENTURINI
FILMPRODUKTION: TEMPOMEDIA

Die Fachwelt streitet allerdings noch darüber, was integrierte Kommunikation tatsächlich auszeichnet, und tut sich mit Auszeichnungen schwer. Die Vergabe eines Effies für integrierte Kommunikation scheiterte bislang an den noch fehlenden Bewertungskriterien.

Das Wesen einer Marke, als standardisierbares Erzeugnis, das für gleich bleibende Qualität bürgt, fordert eben auch gleich bleibende Qualität in der Kommunikation. Der Verbraucher wird mit einer Marke in den unterschiedlichsten Situationen konfrontiert. Und er soll bei jeder Begegnung die gleiche Ausstrahlung, die gleichen emotionalen Werte erleben. Und so immer die gleichen Gefühle der Marke gegenüber aufbringen.

Das begann in den Urzeiten des Marketings mit der Produktqualität, -beschaffenheit, Markenausstattung, dem Preis und der Platzierung im Handel. Und bezog sich automatisch auch auf den Bereich Kommunikation. Das war damals sicher einfacher, denn die Menge der nutzbaren Medien war noch überschaubar.

Der Integrationsgedanke war damit mehr auf die Marke selbst abgestellt, als dass er eine spezifische Anforderung an die Kommunikation gewesen wäre.

Heute ist die Situation völlig anders. Die Explosion der Medien, der Eintritt in das Kommunikationszeitalter birgt die große Gefahr, sich als Marke kommunikativ zu verzetteln. Verzetteln heißt nicht primär, formale Fehler zu begehen und die Chance zu vertun, eine Marke schnell und eindeutig identifizierbar zu machen.

Verzetteln heißt, die Botschaft der Marke zu verwässern. Integriert zu kommunizieren bedeutet, auf allen Kanälen zweierlei zu schaffen: die kommunikativen Inhalte überzeugend zu vermitteln und den Absender nachhaltig zu verankern.

Doch die Herausforderung besteht nicht nur darin, Kommunikationsdisziplinen zusammenzuführen. Sie beginnt schon innerhalb der klassischen Werbung.

EINES DER GRÖSSTEN PROBLEME BEI DER GESTALTUNG VON WERBUNG IST, DASS DER MENSCH EIN KIND DES GEDRUCKTEN IST.

Er denkt grundsätzlich in Print. Das Problem beginnt schon mit seiner Geburt, die mit einer Geburtsanzeige verkündet wird. Seine erste Kinderzeichnung ist Print. Sein erstes Schulheft ist Print. Sein erster Liebesbrief ist Print. Seine erste Wohnung, seinen ersten Job und sein erstes Auto findet er per Anzeige. Das Geld, das er verdient, ist Print. Seine Kündigung auch. Und kurz nach seinem Tod erscheint wieder eine Anzeige.

Sein ganzes Leben wird von Print begleitet und bestimmt. Natürlich sieht er im Kino den ersten Film, der ihn zu Tränen rührt. Und im Fernsehen das erste WM-Tor, das ihn jubeln lässt. Aber der Ernst des Lebens ist Print.

Offensichtlich verliert der Mensch diese Perspektive auch dann nicht, wenn er zufällig Kreativer in einer Werbeagentur wird. Anders ist nicht erklärbar, dass viele TV-Spots wie abgefilmte

Anzeigen wirken. Viele Funkspots wie vorgelesene Anzeigen. Die meisten Plakate wie vergrößerte Anzeigen. Und Regalnasen wie verkleinerte Anzeigen.

Als von Matt in Stuttgart einmal aus dem Flugzeug stieg, sah er auf dem Dach des Parkhauses ein Plakat. Dank dem Bildmotiv konnte er erahnen, was verkauft werden sollte: Musiksysteme für Autos. Doch wer warb hier um ihn? Blaupunkt? Sony? Alpine? Da er den Absender nicht erkennen konnte, konnte er auch keinen Marketingverantwortlichen anrufen, um ihm zu sagen, dass er eine neue Agentur braucht. Eine, die die erste Pflicht eines Plakats versteht: plakativ zu sein.

Kein Medium wird so häufig so falsch gestaltet wie das einfachste und älteste Medium der Welt. Schauen Sie sich auf der Fahrt ins Büro einmal ganz bewusst Plakate an. Wir meinen: Jedes zweite Plakat liefert seine Botschaft nicht ab. Viele davon sind glatter Betrug am Auftraggeber, weil sie nicht mediengerecht gestaltet sind. Zu kleines Logo, zu viel Text, zu kompliziert, kein klares Bildmotiv etc.

Leider tappen auch wir ab und an in die Falle, dass Leiter und Lupe notwendig werden, um eines unserer Plakate zu entziffern. Obwohl wir eine eigene Plakatfläche als Testinstrument vor der Agentur stehen haben. Und obwohl unser Kreativchef Deneke von Weltzien nicht müde wird, seine Faustformel zu wiederholen:

„VERGRÖSSERT DAS LOGO, BIS ES WEHTUT, UND MACHT ES DANN NOCH MAL
DOPPELT SO GROSS!“

Gute Kampagnen spielen perfekt mit den Möglichkeiten des jeweiligen Mediums. Sie nutzen das aus, was das Medium am besten kann. In keiner Plakatjury, in der von Matt sitzt, versäumt er, darauf hinzuweisen, dass Plakativität die Grundvoraussetzung für eine Auszeichnung sein sollte.

Seine Vision ist ein Wettbewerb, bei dem nur die Plakativität zählt. Er findet auf einem stillgelegten Flughafen statt. Am Ende der Startbahn werden die zu bewertenden Plakate aufgestellt. Die Jury nähert sich nun Schritt für Schritt den Plakaten. Das erste, das erkannt wird, gewinnt.

Auf der anderen Seite ist Geschlossenheit ein Ausdruck von Stärke, Sicherheit, Verlässlichkeit. Das ist nahe liegend: Je stärker die Gemeinschaft von Vater und Mutter, desto mehr Respekt hat das Kind. Einigkeit macht stark. Auch im Auftreten. Fußballmannschaften, Armeen, Rockerbanden sind nicht umsonst gleich gekleidet.

British Airways hatte mal eine wunderbare Idee. Sie sagten sich: Warum nutzen wir unsere Flotte nicht, um Sympathie zu transportieren? Sie ließen jedes Flugzeug von einem Künstler gestalten. Doch der Effekt war katastrophal: Die Airline wurde in Befragungen als billiger, unsicherer und provinzieller bewertet. Und der Marktanteil sank bedrohlich, bis der Fehler korrigiert wurde und die Flugzeugflotte wieder in Uniform antrat.

Jeder kann solche Effekte leicht nachvollziehen. Eine Faust hat nun mal mehr Kraft als fünf Finger. Warum gibt es dann so wenig Bereitschaft, an einem geschlossenen Auftritt zu arbeiten?

**DIMIX „COCKTAILBAR", TV-SPOT 2001:**

AUCH WENN MAN KAUM GLAUBEN MAG, DASS EIN MIXGETRÄNK AUS ALTBIER UND COLA TRINKBAR IST – ES IST SOGAR VERKÄUFLICH. UND DAS AUCH NICHT NUR IN DÜSSELDORF UND AM NIEDERRHEIN. SCHON WENIGE MONATE NACH DER EINFÜHRUNG KONNTE DIMIX DIE NATIONALE MARKTFÜHRERSCHAFT ERRINGEN.

REGIE: MARTIN WERNER
FILMPRODUKTION: FIVE_THREE DOUBLE NINETY

Das Hauptproblem von integrierter Kommunikation bleibt die Führung. Wer übernimmt die Führung? Wer macht den Anfang?

Die Werbeagentur reklamiert den Führungsanspruch. Sie sagt: Wir haben die größte Erfahrung in der Markenführung. Die Mediaagentur fordert den Führungsanspruch. Sie sagt: Wir planen den Mitteleinsatz und sitzen damit an der Renditequelle einer Werbekampagne.

Die New-Media-Agentur verlangt den Führungsanspruch. Sie sagt: Dort, wo wir ansetzen, wird das Geschäft in Zukunft gemacht. Der Unternehmensberater reklamiert den Führungsanspruch. Er sagt: Nur ich weiß genau, wo das Potenzial des Unternehmens steckt. Dann melden sich noch der Packungsdesigner, die PR-Agentur und weitere Instanzen, die alles wollen außer gelenkt werden.

Doch auch beim Kreativen erzeugt die Forderung nach integrierter Kommunikation Konflikte. Die Henne-und-Ei-Frage des Werbekreativen lautet: Welches Medium übernimmt die Führung? Print oder TV? Online oder offline?

In der Boomphase der New Economy wurde oft gefordert, dass die neuen Medien die Markenführung übernehmen sollten. Gut, dass dieser Spuk schnell vorbei war und große, schöne Marken nicht in den Fingern von Digitaltechnikern gelandet sind.

Als wir den Werbeetat des Fernsehsenders SAT.1 übernahmen, gab es ein großes Meeting, bei dem alle zusammensaßen, die an der Kommunikation des Senders beteiligt waren. Es endete für uns mit einem Schock. Der damalige Senderchef Fred Kogel erläuterte seinen Wunsch nach Integration. Insbesondere sollte die On-Air-Kommunikation, die den Sender im Programm selbst bewarb, mit der Off-Air-Kommunikation, für die wir zuständig waren, zusammenwirken.

Wir nickten brav, da wir selbstredend davon ausgingen, die Führungsrolle übernehmen zu können. Doch dann erfuhren wir, welches Gewicht unser immerhin 30-Millionen-Euro-Etat hatte: Er machte weniger als 5 % des gesamten Werbevolumens von SAT.1 aus. Der Rest bestand aus Trailern, Cross-Promotion, On-Screen-Design etc. Wir wollten den Sender kommunikativ führen, aber wir waren ein Nichts von knapp 5 %. Der Chef im Ring war der 95%-Mann, der die Programmtrailer konzipierte. Wir waren Statisten.

Es gibt nur wenige Werbungtreibende, die alle Disziplinen an einen Tisch zwingen. Und in regelmäßigen Meetings alle Kommunikationskanäle abgleichen. Bei DEA, einem unserer Kunden, gibt es jeden Monat einen Jour fixe, an dem zumindest Kreativ- und Mediaagentur teilnehmen. Bei Diebels werden regelmäßig PR-Agentur und Werbeagentur zusammengeführt. Doch in vielen Großunternehmen sind die verschiedenen Kommunikationsdisziplinen schon intern so stark getrennt, dass sie fast wie Wettbewerber agieren.

Es ist erschreckend, wie wenig die an einem Kommunikationsauftritt beteiligten Fachleute miteinander kommunizieren. Wie oft gegeneinander gearbeitet wird, weil irgendwelche Interessen kollidieren.

Als von Matt seine Frau kennen lernte, die in der Mediabranche arbeitet, merkte er erst, wie wenig Kreativagenturen und Mediaagenturen miteinander kommunizieren. Er begleitete seine Frau zu Mediaveranstaltungen und fühlte sich wie ein Blumenverkäufer, der aus Versehen an einen Tisch voller Blinder tritt.

Gerechterweise muss man sagen, dass auch Mediaplaner nicht gerade gefeiert werden, wenn sie bei Kreativfestivals auftauchen. Bisher war für von Matt eins selbstverständlich gewesen: „Wir sind die, die Werbung machen."

Plötzlich traf er auf Leute, deren Selbstverständnis lautete: „Wir sind die, die Werbung machen." Genauso geringschätzig, wie wir Kreative die Medialeute als Erbsenzähler belächeln, belächeln diese uns als Bildchenmaler.

## ES GIBT ZU VIEL GEREDE UND ZU WENIG DIALOG.

Das ist der Grund, warum integrierte kreative Mediaideen so selten sind. Wenn man dann mal eine realisiert, wird sie gleich als Wunderwerk gefeiert.

Als wir wieder einmal, des ewigen 30-sekündigen TV-Spots überdrüssig, nach ungewöhnlichen Werbeformen für BMW suchten, hatten wir folgende Idee: Wir wollten ein Auto durch einen gesamten Werbeblock fahren lassen. Und zwar am Bildrand, quer durch alle anderen Spots. Anzeigen in der Presse sollten auf diese Werbepremiere aufmerksam machen.

Die Verantwortlichen von BMW für diese Idee zu begeistern war nicht schwer. Denn gerade innovativ denkende Auftraggeber haben die ewig gleichen Standardformate der Werbung satt. Auch der Fernsehsender SAT.1 zeigte sofort Interesse. Auch dort freute man sich über eine neue, spektakuläre Idee, Werberaum zu vermarkten.

Enorm viel schwieriger war es natürlich, mit den anderen Werbekunden dieses Fernsehsenders diesen Split-Screen zu verhandeln. Der Kunde musste akzeptieren, dass unter seinem Werbespot ein Auto fährt, und bekam dafür einen Rabatt in Form eines Kostenzuschusses von 20 %. Hier half uns sicher auch, dass dieses Auto kein geringeres als ein BMW war.

Am Ende entstand ein Stück Werbung, das viele positive Presseberichte nach sich zog und auch in einem Posttest einen deutlich höheren Aufmerksamkeitsgrad vorweisen konnte als herkömmliche Spots. Und schließlich auch noch mit dem Deutschen Media-Preis ausgezeichnet wurde.

Der BMW-Block war ein einzigartiges kommunikatives Highlight. Doch dass es jemals realisiert werden konnte, ist nur einem Zufall zu verdanken. Dem Zufall, dass der Kreative, der diese Idee hatte, und die Mediafrau, die diese Idee bei 14 Unternehmen durchsetzte, Tisch und Bett teilen: von Matt und von Matt.

Der Fehler liegt im System: Da das Mediageschäft immer mehr zum reinen Mengengeschäft degeneriert, hat es sich auch immer mehr vom Kreativgeschäft, das sich weiterhin nur mit Beratungsqualität bzw. Kreativität profilieren kann, separiert.

Beide Richtungen sind gleichberechtigte Auftragnehmer der werbungtreibenden Industrie, stehen also nicht in einer direkten Verbindung oder Abhängigkeit. Da nichts so schwer zu finden ist wie eine einzigartige Werbeidee, muss Kreation die inhaltliche Führungsrolle übernehmen.

Wann immer Jung an einen Ort kommt, der sehr, sehr teuer ist, fällt ihm die hohe Dichte an bar zahlenden Russen auf. Egal, ob in einer Edelboutique in St. Moritz oder in einem Top-Restaurant in Miami, jedes Mal diese seltsam sprechenden Männer mit ihren dicken Geldbündeln. Wann immer er an einen Ort kommt, der sehr, sehr schön ist, fällt ihm die hohe Dichte an Homosexuellen auf. An den Traumstränden der Welt wie in den malerischsten Kaffeehäusern. Ein besonderer Sinn scheint diese Jungs an Flecken zu führen, wo Normalos nicht gleich hinfinden.

Aber wann immer er einen Ort besucht, der beides ist, sehr teuer und sehr schön, trifft er nicht etwa auf schwule Russen, sondern auf ganz normale Mediaplaner. In hoher Dichte.

Die Erklärung ist banal: Verlagshäuser und Fernsehstationen ziehen alle Register, um ihre wichtigsten Kunden bei Laune zu halten. Und seit sich der Wettbewerb der Medien verschärft hat, tun sie noch mehr. Während wir Kreativagenturen noch spät in der Nacht um bessere Lösungen ringen, werden unsere Partner von der Mediaseite mit Sausen und Gelagen stimuliert. Und von diesen Leuten sollen wir uns dann am nächsten Morgen diktieren lassen, wo unsere Ideen das höchste Momentum erzeugen?

# 13. KAPITEL

# DAS VOLK BESTIMMT, WAS ZUM SLOGAN WIRD

## ÜBER GUTE, SCHLECHTE UND GAR KEINE SLOGANS

Schon im alten Rom gab es den Drang, Dinge zu publizieren, aber noch keine geeignete Medienlandschaft. Deshalb brachten Kaiser Münzen heraus, die große militärische Siege oder neue Vergünstigungen für das Volk verkündeten. Ein Symbol auf den Münzen zeigte das Ereignis und darunter einen Slogan wie „Freiheit, Gleichheit und Gerechtigkeit".

Mehr Platz stand nicht zur Verfügung. Auf der anderen Seite zeigte das Bild des Kaisers, wer die Ruhmestat vollbracht hatte. Ziel war, das persönliche Image zu verbessern, sodass selbst ein Nobody unter den Kaisern wie Antonius Pius mehr als 150 verschiedene Münzmotive im Jahr prägen ließ.

Slogans waren ursprünglich aus Platznot geboren. Heute ist es die Platznot im Hirn des Verbrauchers.

Fast jede Werbekampagne, die heute läuft, enthält einen Slogan oder einen Claim. Und nur vielleicht einer von hundert bringt es zu einer angemessenen Bekanntheit. Die meisten Slogans sind ihre Druckerschwärze nicht wert. Sie führen ein Alibi-Dasein als Integrationshilfe verschiedener Kommunikationsmaßnahmen, haben aber darüber hinaus keinerlei Funktion. Oft entstehen sie aus reiner Routine: Wie der pflichtbewusste Pfarrer seine Messe mit einem Amen, lässt der pflichtbewusste Werber seine Kampagne mit einem Slogan enden.

Insofern sollte man sich bei einem Slogan zuallererst die Sinnfrage stellen. Kann er überhaupt zu einem höheren Momentum beitragen? Wenn nicht, kann man ihn ersatzlos streichen. Viele große Kampagnen hatten nie einen Slogan nötig, um diese kumulative Kraft zu entfalten. Andere wiederum schöpften einen Großteil ihrer Wirkung aus einem Slogan.

Die Kunst der Marketingkommunikation besteht darin, die Außensteuerung des Konsumenten durch eine Botschaft so zu gestalten, dass sie in Selbststeuerung umschlägt. Würde sich Werbung nur der Wert- und Triebappelle bedienen, würde man sehr schnell den Manipulationsversuch erkennen. Der Mensch will sich entscheidungsfrei fühlen, wenn er von Werbung angesprochen wird.

Dazu müssen Zeichen, Sprache und Bilder so eingesetzt werden, dass sie die eigenen und ganz persönlichen Erfahrungen aktivieren. Und außerdem die Assoziationsbereitschaft zu Lasten der Urteilskraft erweitern.

Die Zeichenlehre hat nachgewiesen, dass derartige Forderungen weit mehr von Bildern als von Sprache erfüllt werden, deren Wirkung vor allem in ihrem Zugriff auf das Nichtrationale liegt. Slogans sind sozusagen die Schnittmenge beider Wirkpotenziale, indem sie die Abstraktionsfähigkeit der Sprache mit der Assoziationskraft von Bildern verbinden. Slogans fungieren als Relaisstation, als Gelenkstelle und Übersetzung.

Große Slogans sind Werbeaussagen, die zur Redensart werden. Oder noch einfacher: Große Slogans sind Redensarten. Genauso populär und unverwüstlich wie: Hallihallo! Morgenstund hat Gold im Mund. Alles Gute kommt von oben. Wie geht's, wie steht's? Kruzifix!

Also folgen Slogans auch den Gesetzmäßigkeiten einer Redensart: einfache Gedanken, die allgemeine Zustimmung erzielen, in einer Form, die überrascht und aufhorchen lässt. Plausibilität auf der einen Seite, Merkwürdigkeit auf der anderen Seite. Wobei die Merkwürdigkeit eine wesentliche Voraussetzung für die Merkfähigkeit ist. Ein Slogan ist sozusagen ein Aha-Erlebnis mit einem Nanu-Effekt. Oder sloganartig formuliert: ein Nanu-Aha.

Versuchen Sie einmal, die

## NANU-AHA-FORMEL

an den Slogans, die Ihnen geläufig sind, nachzuvollziehen. Sie werden feststellen, dass Ihnen dabei viele Beispiele einfallen, die längst nicht mehr eingesetzt werden, aber immer noch Depotwirkung entfalten. Auch das verdeutlicht, dass nichts eine Werbebotschaft nachhaltiger macht als ein starker Slogan.

Ein weiterer Grund, warum Slogans an Bedeutung gewinnen, ist, dass die Schreibkultur abgenommen hat. Die globale Werbeszene befindet sich in einem Visualisierungswahn. Spaß an Sprache ist in der Werbung selten geworden. Wir haben zum Beispiel festgestellt, dass die Automobilanzeigen sozusagen ihre Sprache verloren haben. 1975 bestanden sie noch aus durchschnittlich 210 Wörtern, 1985 aus 120 Wörtern und 1995 nur noch aus 55 Wörtern.

JUNG v. MATT

**JEVER „DER FRIESLANDGÄNGER", TV-SPOT 1995:**

EINE FÜR DIE HOHEN ERINNERUNGSWERTE DIESES SPOTS ENTSCHEIDENDE SZENE WURDE VOM AUFTRAGGEBER ZUNÄCHST ABGELEHNT: DER FALL DES MANNES IN DEN DÜNENSAND WIRKE SO, ALS WÄRE DER MANN BETRUNKEN, HIESS ES. WIR SAHEN DARIN EIN SYMBOL TOTALER ENTSPANNUNG UND KONNTEN UNS DURCHSETZEN.
DIE MORAL? WICHTIG IST NUR, DASS DIE AGENTUR NICHT UMFÄLLT.

REGIE: LASZLO KADAR
FILMPRODUKTION: LASZLO KADAR FILM

Hier hat die Werbung einen Trend vorauseilend überinterpretiert. Während die meisten Zeitungen und Zeitschriften nach wie vor unverdrossen vom geschriebenen Wort leben, hat die Werbung schlicht und einfach beschlossen: Wir schreiben nicht mehr. So gesehen bekommt der Slogan als „Werbetext für Lesefaule" eine zusätzliche Funktion.

Ein guter Slogan wird zum kommunikativen Besitzstand einer Marke, etwas, was nur schwerlich wieder aus dem Bewusstsein der Konsumenten zu löschen und von der Marke zu trennen ist.

Die Klassiker unter den Slogans überleben sogar Generationswechsel bei den Verbrauchern. Sie tauchen in jeder Marktforschungsanalyse wieder auf, wenn es um die entsprechende Marke geht. Selbst dann, wenn sie längst aus den Medien verbannt wurden.

Zu unserem Faible für Slogans gehört deshalb auch unser Respekt vor Slogans, die sich bereits im Volksmund bewiesen haben. Als wir den Auftrag bekamen, ein neues Kommunikationskonzept für Jever zu entwickeln, fiel uns ein Slogan in die Hände, den Jever schon seit Jahren nicht mehr eingesetzt hatte: „Wie das Land, so das Jever".

Wir gingen auf die Straße, um zu ermitteln, was es mit diesem Slogan auf sich hatte. Und in der Tat hatte er eine hohe Depotwirkung und löste beim ohnehin traditionsverbundenen Bierfreund positive Nostalgie aus. Wir schlugen dem Auftraggeber ein Revival dieses Slogans vor, das überzeugte und die Marke bis heute begleitet.

Eines Tages meldete sich der Erfinder des Slogans bei von Matt: Horst Thomé, sein Lehrmeister aus Ogilvy-Zeiten. Gerührt erzählte er, wie er vor Jahrzehnten auf den Slogan kam und ihn gegen alle Bedenken der Jever-Leute durchsetzen konnte, die sich Ostfriesland als Unique Selling Proposition für ein nationales Bier nicht vorstellen konnten.

Als wir 1994 die Chance bekamen, den Mediamarkt-Leuten einen neuen Kommunikationsauftritt zu präsentieren, war uns klar, dass ein starker Slogan nicht nur als Schlachtruf in einem sehr aggressiven Markt wichtig ist, sondern auch als Bindeglied einer sehr breit gefächerten Kampagne.

Das Beste, was uns einfiel, war: „Der kalkulierte Wahnsinn." Doch dann hörten wir, was unser Wettbewerber präsentiert hatte: „Ich bin doch nicht blöd." Ein wunderbarer Slogan, der alle Eigenschaften eines Dauerbrenners mitbringt. Sofort wussten wir, dass wir verloren hatten. Natürlich zu Recht.

Wir haben auch Präsentationen erlebt, wo unsere Sloganidee überzeugen konnte, nicht aber der Rest unserer Empfehlungen. So sind heute drei Slogans allseits bekannt, bei denen unsere Agentur nur Leihmutter war.

Die Schwierigkeit dabei war stets: Was ist so ein Slogan wert? In dieser Frage bat uns Till Wagner von Jung von Matt am Main einmal um Rat. Doch Jung konnte ihm nicht weiterhelfen. Im gleichen Telefonat erwähnte Wagner noch, dass er für die Agentur den Ausbau einer zweiten Etage plant, der 165.000 Euro kosten soll. Und schon hatte der Slogan seinen Preis gefunden.

Es ist nicht ganz leicht, einen Auftraggeber, der nicht regelmäßig mit Kommunikationsfragen zu tun hat, von einem Slogan zu überzeugen. Denn ein starker Slogan entfaltet sich ähnlich wie zukunftweisendes Automobildesign erst nach und nach. Faustregel: Was sofort gefällt, flacht bald ab. Was zunächst Stirnrunzeln sät, zeigt oft mehr Nachhaltigkeit.

Lange dachten wir, „Maximum Excitement" sei ein guter Slogan für die Einführung des neuen Mini: inhaltlich auf den Punkt gebracht und weltweit einsetzbar. Schließlich ging es darum, eine Formulierung zu finden, der möglichst viele Märkte der Welt zustimmen können. Und mit „Maximum Excitement" hätten wir bestimmt nichts falsch gemacht. Ein typischer Slogan von der Sorte, über die Jung zu sagen pflegt:

ZU RICHTIG, UM GUTE WERBUNG ZU SEIN.

Erst als Oliver Voss auf "Is it love?" kam, trafen wir den Geist des Autos und den Nerv des Publikums. Nicht ohne Stolz stellten wir fest, dass der Slogan auch in Japan, Australien und Tahiti eingesetzt wurde und die Presse ihn in ihren Berichten über das Auto immer wieder zitierte.

Große Slogans müssen, da sie Basis einer langfristigen Planung sind, streng geheim bleiben. Die Gefahr, dass ein Wettbewerber etwas erfährt und reingrätscht, ist groß. Als Honda Motorrad in Amerika den Slogan "Follow the leader. He's on a Honda" plante, bekam die Yamaha-Agentur Wind davon und empfahl ihrem Auftraggeber eine nationale Plakataktion, genau eine Woche vor Start der neuen Honda-Kampagne. Der Slogan: "Don't follow anyone." Mit diesem Coup brachte Yamaha die Sympathie der freiheitsliebenden Motorradfans auf seine Seite.

Es gibt übrigens viele Slogans, die gar keine werden sollten. Denn oft schaffen es auch andere Textelemente, insbesondere Dialogfetzen, zufällig zu einer sloganähnlichen Durchdringung. Ganz einfach deshalb, weil der Volksmund es so will. Zum Beispiel „Ich bin drin" von AOL. Genauso wie „Nicht immer, aber immer öfter" von Clausthaler.

Auch „Mein Haus, mein Auto, mein Boot" wurde zur Redensart für Besitz. Eines Abends sah Jung ein Interview mit Michael Schumacher. Auf die Frage, ob ihm Reichtum wichtig sei, antwortete er: „Nein, bei mir dreht sich nicht alles um: ‚Mein Haus, mein Auto, mein Boot'."

Worauf es bei Slogans ankommt, weiß niemand besser als Marktschreier. Keiner schaut dem Volk so aufs Maul wie sie, denn die ältesten Werber der Welt haben eine günstige Doppelrolle: Sie sind Medium und Werber zugleich und haben dadurch permanentes Feedback, was die Qualität ihrer Sprüche angeht.

Ein Marktschreier hat in der Regel nicht mehr anzubieten als der nächststehende Konkurrent. Die Ware, die es anzupreisen gilt, ist nicht besser oder schlechter als die vom Nebenmann und daher nicht von hohem Interesse für die Marktbesucher. Das Argument Preis hat auch seine Untergrenze, man muss sich mehr einfallen lassen. Insofern stehen die Marktschreier seit eh und je unter einem vergleichbaren Differenzierungsdruck wie wir Werber heute.

JUNG v. MATT/Alster

**MINI „FLUGKARTE", PRINT 2001:**

WAS GIBT ES SCHÖNERES FÜR EINE WERBEAGENTUR, ALS FÜR EIN PRODUKT WERBEN ZU DÜRFEN, DAS ALLE AUF ANHIEB IN IHR HERZ SCHLIESSEN? DIE JOURNALISTEN WAREN ENTZÜCKT. UND AUCH HARTGESOTTENE AUTOTESTER ZEIGTEN GEFÜHLE. SO WAR UNSER SLOGAN FÜR DIE WELTWEITE EINFÜHRUNGSKAMPAGNE LOGISCH: „IS IT LOVE?"

FOTOGRAF: DANIEL M. HARTZ/OLIVER RHEINDORF

Und so verhalten sich die guten alten Marktschreier genauso wie wir: Sie verpacken ihre Angebote in lustige und listige Monologe, damit die Leute stehen bleiben, sich einfangen lassen und dann etwas kaufen. Ihr rhetorisches Geschick ist legendär, was man heute zum Beispiel auf dem Hamburger Fischmarkt erleben kann, wenn man sonntags um 6 Uhr da ist.

Es ist nicht leicht, Regeln für Slogans zu bilden. Weil es oft ausgerechnet das Regelwidrige ist, was die Qualität eines Slogans ausmacht. So gibt es für jede herkömmliche Regel über Slogans ein paar wunderbare Ausnahmen.

Auch für die Regel, dass ein Slogan kurz und knapp sein soll: Von der Nachkriegsschöpfung

„WAS BEDARF ES VIELER WORTE,
RING-BROT IST DER ARMEN TORTE“

über den Dauerläufer „Haribo macht Kinder froh. Und Erwachsene ebenso“ bis hin zu Englands bekanntestem Bierslogan “Heineken refreshes the parts other beers cannot reach”.

Dennoch gibt es ein paar Richtlinien, die beim Schreiben oder Bewerten von Slogans helfen können.

Zunächst muss man sich folgende Hierarchie vor Augen halten: Der Werbetexter entscheidet nur, welcher Slogan in das Manuskript kommt. Der Auftraggeber entscheidet nur, welcher Slogan in die Kampagne kommt. Und erst das Volk entscheidet, ob es wirklich ein Slogan wird.

Daraus folgt: Entweder trifft ein Slogan den Bauch des Volkes, oder er verpufft. Deshalb tun sich Slogans, die sich an ein breites Publikum richten, mit cleverem Wortwitz und ironischer Überhöhung schwer. Gerade zweideutige Formulierungen sind folgender Problematik ausgesetzt: 50 % erkennen nur Sinn Nummer eins, 30 % erkennen Sinn Nummer zwei, und nur die verbleibenden 20 % erkennen den Doppelsinn.

Ausnahmen bilden Slogans, die sich ausschließlich an Meinungsbildner richten und damit ein Publikum haben, das mit Ironie umzugehen weiß. Einer der schönsten Slogans dieser Spezies ist der, den Scholz & Friends für Baden-Württemberg gemacht hat: „Wir können alles. Außer Hochdeutsch."

Was Penetration und Erinnerung angeht, hat es ein gesprochener Slogan sicher leichter als einer, der nur irgendwo zu lesen ist. Jahrzehntelang mahnte eine eindringliche Stimme Deutschlands Fernsehvolk, dass es „hoffentlich Allianz-versichert" sei. Die übliche kleine Unterzeile in Anzeigen hätte das nie und nimmer geschafft.

Noch leichter hat es ein gesungener Slogan. Doch dem Jingle steht wiederum im Weg, dass Gesang den Inhalt schwächt. Und dabei auch die Wertigkeit des Angebots reduziert. Stellen Sie sich einmal den F.A.Z.-Slogan „Dahinter steckt immer ein kluger Kopf" als fröhliches Werbelied vor. Und wenn das noch nicht plastisch genug ist:

STELLEN SIE SICH VOR, JOHN F. KENNEDY HÄTTE „ICH BIN EIN BERLINER" GESUNGEN.

Eine Grundbedingung für Sloganwirkung ist natürlich korrekte Zuordnung. Und falsche Zuordnung ist insofern fatal, als man damit ungewollt einen Wettbewerber fördert. Natürlich hilft es da einem Slogan, wenn er den Markennamen enthält.

Selbst beim (übrigens auch nicht gerade kurzen) Esso-Klassiker „Es gibt viel zu tun. Packen wir's an“ gab es immerhin 35 % fehlerhafte Zuordnung. Jeder Dritte dachte, der Slogan komme von Aral oder Shell. Kein schönes Ergebnis für ein langfristiges Investment. „Nogger Dir einen“ tat sich da leichter. Slogans richtig zuzuordnen ist übrigens ein in den USA weit verbreitetes Spiel, das über eine Internetseite angeboten wird. Aber spielen Sie das heitere Slogan-Raten nicht gegen Ihre Kinder. Sie werden keine Chance haben!

Ein Slogan wie „Just do it!“ lässt in seiner Zielgruppe sicher keinen Zweifel über den Absender zu. „Nichts ist unmöglich“ ist zu lange on air, um noch falsch zugeordnet zu werden. Und auch „Das unmögliche Möbelhaus aus Schweden“ war für den Verbraucher ein klarer Fall. Die Ungewöhnlichkeit und Konsistenz eines Markenauftritts hilft mit, einen Slogan unaustauschbar zu machen.

Oft hat man den Eindruck, dass ein Slogan kurz vor seinem Übergang in den Volksmund abgesetzt wird. Wegen einer Strategieänderung oder – noch banaler – wegen eines Agenturwechsels. Das ist so ärgerlich, wie wenn man nach Öl bohrt und kurz bevor es sprudelt aufgibt und den Bohrer woanders ansetzt. Das Schicksal sehr vieler großer Slogans, denen nur eins fehlte: ein Entscheider mit Weitblick.

Wer nach einem Slogan sucht, muss sich Folgendes bewusst machen:

DIE KUNST LIEGT NICHT DARIN,
EINEN SLOGAN ZU ENTWICKELN,
SONDERN DARIN, IHN ZU ENTDECKEN.

Geben Sie einer dritten Klasse die Aufgabe, etwas Nettes über den Otto-Versand zu schreiben. Und wundern Sie sich nicht, wenn „Otto... find' ich gut" dabei herauskommt. Die meisten großen Slogans hätten von Grundschülern geschrieben werden können: „It's a Sony!" „Alles Müller, ... oder was?" „Häsch Dini Ovo hütt scho gha?" Aber aus hunderten von Sloganvorschlägen „Otto... find' ich gut" herauszupicken und das hohe Momentum dieser Formulierung zu erkennen – das ist das, was kreatives Bauchgefühl ausmacht.

Man muss nicht nüchtern sein, um auf „Bitte ein Bit!" zu kommen. Aber man muss sehr ausgeschlafen sein, um das Potenzial dieses Allerweltsspruchs zu erkennen. Hier steckt das Genie des Slogan-Finders. Das Talent, in langen Listen zu suchen und mit dem Finger dort stehen zu bleiben, wo ein Satz das Zeug hat, in den Bauch des Volkes einzudringen.

Wir haben bisher nur wenige erlebt, die große Slogans leicht erkennen. Auch auf Agenturseite ist dieses Talent rar. Oft ist allerdings auch auf einer 1.000-Vorschläge-Liste einfach keiner dabei, der das gewisse Etwas hat.

Gerade volksnah wirkende Formulierungen haben es im kühlen, auf Intelligenz bedachten Umfeld einer Beamer-Präsentation nicht leicht. Als wir den Slogan „Glück, Glück, Glück ist ein frisches Diebels“ präsentierten, war unsere größte Sorge, ein „Ha, ha, ha“ auszulösen.

Ohne Ankündigung packte Christian Monzel, der Beratungschef, seine Gitarre aus und sang zu der Melodie von „Knock, knock, knockin' on heaven's door“ ein selbst geschriebenes Lied mit dem Refrain „Glück, Glück, Glück ist ein frisches Diebels“. Drei Monate später war der Slogan national bekannt und untrennbar mit der Marke verbunden, was keinem seiner Vorgänger – selbst nach Jahren nicht – gelungen war.

Starke Slogans können einer Kampagne einen genetischen Code verleihen. Und ist die DNA gesund, ist der Erfolg damit in die Wiege gelegt. Dass sie diesen Code erkennen, kann man voraussetzen, wenn man auf Auftraggeberseite mit Kommunikationsprofis zu tun hat.

Als wir für die Bild-Zeitung den Slogan „Bild Dir Deine Meinung!“ präsentierten, passierte etwas, was in großen Präsentationen selten ist. Kaum erschien der Slogan auf der Leinwand, rutschte dem Mitglied der Chefredaktion Norbert Körzdörfer heraus:

„GEILER SPRUCH!“

Ein unvergesslicher Moment für den präsentierenden Jung. Er wusste, wir haben getroffen. Natürlich wurden wir auch in diesem Fall mit einigen Bedenken konfrontiert: Darf man den Leser in einem Slogan duzen? Und: Ist es für die Bild-Zeitung nicht anmaßend, mit dem Begriff „Meinungsbildung“ genau die Eigenschaft vorzugeben, die man dem Blatt gemeinhin abspricht? Ein repräsentativer Test räumte die letzten Bedenken aus, dass die bewusste kognitive Dissonanz des neuen Bild-Slogans zu groß sei. Heute gehört er zu den bekanntesten eingesetzten Slogans.

Auch bei SAT.1 fanden wir schnell Gehör für unseren Sloganvorschlag „SAT.1, ich drück Dich!“. Schon in unserem Trendvideo, das wir zu jeder kreativen Empfehlung machen, zeigte sich, dass der Slogan polarisiert. Es gab einige Ablehner. Wichtig war uns aber, dass er emotionalisierte. Man spürte den Spaß, den die Leute mit „Ich drück Dich!“ hatten.

Eine ältere Dame drückte spontan den Interviewer und ließ ihn nicht mehr los. Dass aus diesem Slogan letztendlich kein Erfolg wurde, lag daran, dass es uns nicht gelang, ihn mit einer begeisternden Kampagne zu verpacken. Und wir vor allem keinen Weg fanden, den Slogan auch im Sender selbst zu platzieren.

Heute ist die Formulierung „Powered by emotion“ an seine Stelle getreten. Wir kritisieren ungern Lösungen von Wettbewerbern. Und am wenigsten gern Lösungen von Springer & Jacoby. Aber der Unterschied dieser zwei Slogans ist für uns exemplarisch. Der eine behauptet Emotion, der andere löst sie aus. Klar, was wir empfehlen würden.

Hier ist sicher die Erkenntnis wichtig, dass ein Slogan keineswegs von seinem Sinngehalt leben muss. Sondern oft nur von seiner Tonalität. Denken Sie zum Beispiel an „Alles Müller, ... oder was?“. Inhaltlich betrachtet näher am Dadaisten Kurt Schwitters als an einer gut durchdachten Marketingplattform. Aber um den Inhalt geht es gar nicht. Die Frische ist die Botschaft. So könnte man frei nach Marshal McLuhan auch sagen: “The tonality is the message.”

Eines Tages entdeckten wir eine Website mit einem Slogan-Schreib-Programm: Sloganizer.de. Wir waren so fasziniert, dass wir eine Sixt-Kampagne starteten, die ausschließlich aus virtuell entwickelten Slogans bestand. Es war die erste Kampagne aus dem Computer. Die drei eingesetzten Slogans lauteten:

„E-SIXT. MIT DEM GÜNSTIGSTEN KAMPFESRUF DER ELEGANZ.“
„E-SIXT. DIE FASZINIERENDSTE STEIGERUNG VON GÜNSTIG.“
„GÜNSTIG BLEIBT GÜNSTIG. E-SIXT BRAUCHT DIESE WELT.“

# 14. KAPITEL

# IM NIEMANDSLAND ZWISCHEN FÜHLEN UND WISSEN

## ÜBER DIE BEZIEHUNG ZWISCHEN WERBEAGENTUR UND AUFTRAGGEBER

Eines Tages erzählte von Matt von einem Film, in den er am Vorabend gegangen war. Wirklich gesehen hatte er aber nur den Anfang, denn er war von dem Film so enttäuscht, dass er nach einer halben Stunde rausging. Jung war fassungslos. Auch er hatte im Kino „American Beauty“ gesehen und war begeistert. Kurzerhand schilderte er von Matt seine Lieblingsszenen, und zwar so packend, dass dieser beschloss, am gleichen Abend einen zweiten Versuch zu starten. Nun war auch er begeistert.

Das Beispiel zeigt, wie sehr es auch bei der Ware Kreativität auf verkäuferisches Geschick ankommt. Und wie viel man mit Überzeugungskraft auslösen kann.

Kommunikative Dienstleistung ist ein sehr spezielles Geschäft: Der Auftraggeber kauft etwas, was es noch gar nicht richtig gibt. Und niemand kann mit Sicherheit sagen, ob und wann es den geplanten Erfolg bringen wird. Dementsprechend anspruchsvoll ist die Überzeugungsarbeit, die eine Agentur leisten muss.

Genauso wie Werbung den Verbraucher dazu bringen muss, dass er ihr glauben will, müssen wir den Auftraggeber dazu bringen, dass er uns glauben will. Das Überzeugendste sind hier nachgewiesene Erfolge. Doch die sind zumindest in der Startphase einer Werbeagentur schwer beizubringen.

stilwerk
Institut für guten Geschmack.
FLEXFORM

Entscheidet sich ein Unternehmen für eine neue Computersoftware oder ein neues Fuhrparkmanagement, ist die Situation ganz anders, sind doch solche Leistungen weitgehend objektivierbar. Bei kommunikativen Dienstleistungen kauft man nicht nur die Katze im Sack. Man weiß nicht einmal genau, ob es eine Katze ist.

ODER VIELLEICHT NUR EIN FAULTIER.

Wie soll ein Auftraggeber den wichtigsten Beitrag eines Kommunikationsdienstleisters objektivieren, wo doch Kreativität so schwer objektivierbar ist? Versuchen Sie einmal, den Erfolg der Budweiser-Kampagne „Wassup?“ mit einer Checkliste zu bewerten. Oder den Slogan „Alles Müller, ... oder was?“ zu analysieren. Dem Verbraucher ist der Sinngehalt eines TV-Spots oder Slogans gleichgültig. Auch wenn er nicht müde wird, in Befragungen zu betonen, dass er von Werbung objektive, nachvollziehbare Informationen erwartet. Eine der typischen Binsenweisheiten der Marktforschung.

Warum passieren in den meisten Blockbustern Dinge, die jeder Logik widersprechen? Menschen, die zu Affen, Insekten oder Robotern mutieren. Autos, die zu Raumschiffen werden. Außerirdische, die nach Hause telefonieren. Niemand wundert sich, dass der erfolgreichste Kinofilm, der jemals in Deutschland lief, ein Märchen ist: Das Dschungelbuch.

Es hat sich auch keiner daran gestört, dass in der beliebtesten Kinderserie der letzten Jahrzehnte alle Kinder belogen werden: Die Maus ist größer als der Elefant. Der Mensch will eben Fantasie, Zauberei, Träume – und nicht nur Fakten, Fakten, Fakten.

# ODER GEHT IHR KIND LIEBER ZUR SCHULE ALS INS KINO?

„Tatsachen, Tatsachen, Tatsachen! Du hast dich in allen Dingen nach Tatsachen zu richten und von ihnen lenken zu lassen." Welch radikale Wendung hätte Charles Dickens seinem Roman „Harte Zeiten" geben können, wäre in der Mitte des 19. Jahrhunderts eine Kritik des objektivistischen Denkens erlaubt gewesen! Man stelle sich vor, wie das „Mädchen Nummer zwanzig" Mr. Gradgrind entgegengehalten hätte: „Mein Herr, Fakten sind wie Kühe. Wenn man sie nur scharf genug ansieht, laufen sie im Allgemeinen weg."

Dickens führte anhand des Schicksals seiner Romanfiguren die sozialen und emotionalen Probleme der Herrschaft eines Denkens vor Augen, das vor dem Argument der nackten Tatsachen die Produkte der Fantasie und der Ideen nicht gelten ließ. Die technokratische Rationalität seiner Zeit wurde für ihn zur Bedrohung. Dickens bediente sich vor 150 Jahren der moralischen, pädagogischen Erzählung, um das Prinzip „Menschlichkeit" gegen die Vormacht des ausschließlich objektivistischen Denkens zu verteidigen. Aber wie verteidigen Werbeleute ihre Ideen, wenn sie sie der Vorstellung ausgesetzt sehen, allein rationale Erkenntnisse würden einen privilegierten Zugang zur besten Lösung verschaffen und seien deshalb Wissen schlechthin?

Sicheres Gratwandern zwischen Gefühl und Kalkül ist die eigentliche Herausforderung im Dialog zwischen Unternehmen und Werbeagenturen. Weil es auf Feinheiten ankommt, die nur Auge in Auge zu bestimmen sind. Und weil es nicht ausreicht, bloße Informationen weiterzugeben, sondern vor allem darauf ankommt, dass diese Informationen auch verstanden werden und sich in Wissen wandeln.

Das Briefing ist die Schlüsselstelle der Kommunikation und damit wichtiger als die Präsentation selbst. Deshalb müsste es auch besser besetzt sein. Doch leider nimmt sich die Unternehmensführung nur in seltenen Fällen für das Briefing Zeit. Hier lauert eine Milliardenfalle: Agenturen arbeiten monatelang vergebens (aber nicht umsonst), Einschalttermine werden verschoben, Auftraggeber fliegen hin und her, um kopfschüttelnd kreative Leistungen abzulehnen, bei denen offensichtlich schon die Ausgangslage falsch war. Wenn ein Schuster so oft mit einer falschen Aufgabenstellung arbeiten würde wie eine Werbeagentur, müsste er für eine Besohlung 1.000 Euro berechnen, um nicht Pleite zu gehen.

## DAS GRÖSSTE PROBLEM DER KOMMUNIKATION IST KOMMUNIKATION.

Einer unserer Auftraggeber hat schriftliche Briefings verboten, weil man sich dabei zu oft hinter einem anonymen Formular verschanzt. Man muss dem Auftraggeber in die Augen sehen können, um ein verlässliches Gespür dafür zu bekommen, was sein Produkt oder seine Marke braucht. Und der Auftraggeber muss spüren, ob die Agentur verstanden hat.

Was spricht gegen ein gemeinsames Briefing aller Agenturen? Werbeleute sind zwar zu eitel, um sich freiwillig nebeneinander zu setzen. Aber: lieber ein gemeinsames Briefing vom markenführenden Vorstand als Einzelgespräche mit Leuten, die den Vorstand selber kaum kennen.

Noch ineffizienter als Briefings mit dem falschen Ansprechpartner sind Vorpräsentationen mit dem falschen Ansprechpartner. Bevor die Agentur zur großen Präsentation zugelassen wird, möchte der Werbeleiter noch einmal die größte anzunehmende Katastrophe eines Gesichtsverlusts verhindern und bittet die Agentur um zwei, drei Alternativen. Hier kostet der Diener vor, was dem König einmal schmecken soll. Und oft geht die ganze Würze dabei verloren.

Dazu kommt die Schwierigkeit, mithilfe von bestehendem Bild- und Filmmaterial das Momentum einer Werbeidee zu simulieren. Konkrete Kampagnenvorschläge bleiben für einen Auftraggeber immateriell – so lange, bis sie produziert werden. Also bis bereits eine Menge Produktionsgelder geflossen sind.

Auch dann, wenn die Kampagne produziert ist, bleibt die bange Frage: Wie werden die Rezipienten die Kommunikationsbotschaft aufnehmen? Wird die Kampagne die gesteckten Ziele erreichen? Das setzt beim Auftraggeber eine Menge Vertrauen voraus. Kommunikative Dienstleistungen sind im wahrsten Sinne des Wortes Vertrauensgüter.

Unsere Agentur hat jahrelang eine Fernsehkampagne produziert, bei der wir die Zeitspanne von Briefing bis Ausstrahlung der Spots auf fünf Stunden verkürzen konnten. Voraussetzung für diesen Weltrekord war aber ein ungewöhnliches Vertrauen.

**RENÉ LEZARD „SHAR PEI“, PRINT 1994:**

MODEWERBUNG FOLGT FAST IMMER DEN GLEICHEN STANDARDS. MAN ZEIGT DIE MODE UND MAN ZEIGT DAS LOGO DES HERSTELLERS. KAUM EINE KAMPAGNE NUTZT DIE MÖGLICHKEITEN, DIE KREATIVE KOMMUNIKATION BIETET. KAUM EINER NUTZT TEXT. DIE KAMPAGNE FÜR RENÉ LEZARD WAR EIN MEILENSTEIN DER MODEWERBUNG. UND „LEIDER TEUER“ DER PROVOKANTESTE SLOGAN VON JUNG VON MATT.

FOTOGRAF: KAJETAN KANDLER

Um 15:00 Uhr erhielt die Agentur das Briefing, und um 20:00 Uhr war der Spot on air. Wie war das möglich? Nur weil der Kunde die gesamte Verantwortung für die Umsetzung an die Agentur delegierte. Und weil sich die Agentur wie ein Treuhänder verhielt. Es gab keine Zwischenabstimmung und keine Endabnahme. Die Agentur schickte den Spot direkt zum Sender.

Der Auftraggeber sah den Spot zum ersten Mal bei seiner Ausstrahlung. Das führte in etwa jedem zehnten Fall zu einem wütenden Telefonanruf. Aber eben auch zu einer einmaligen Kampagne, die mithalf, die Auflage der Bild-Zeitung auf über fünf Millionen zu treiben.

Die Kampagne startete am 1. Mai 1995. Wir saßen im Studio und schnitten gerade den allerersten Spot dieser Kampagne. Auf einem Nebenmonitor lief der Grand Prix von San Marino, den von Matt auf keinen Fall verpassen wollte. Plötzlich passierte der Unfall, bei dem Ayrton Senna starb. Spontan beschlossen wir, diesen Todesfall zum Thema zu machen, und produzierten innerhalb einer halben Stunde einen neuen Spot. Es gab keine Möglichkeit mehr, diese Änderung abzustimmen. Die Agentur fühlte sich sicher genug, diese Verantwortung auf sich nehmen zu können, und ließ den Spot ausstrahlen.

Apropos Todesfall: Am 1. Februar 2001 starb Hildegard Knef, und ein einfühlsamer TV-Spot, der einen großen Bild-Bericht über ihre letzten Tage versprach, lag bereit. Das Makabre an der Geschichte ist, dass der Spot schon seit Jahren fertig war, weil wir ihn, als es Frau Knef einmal sehr schlecht ging, auf Vorrat produziert haben. Lieber Leser, wenn Sie zufällig sehr prominent sind und sehr krank waren, verzeihen Sie bitte, dass Ihr Spot bei uns bereits im Regal steht.

ES LIEGT IN DER NATUR UNSERES JOBS,
DASS ENDERGEBNISSE VOM VERABREDETEN PLAN
ABWEICHEN KÖNNEN.

Einer unserer faszinierendsten Spots entstand nur, weil der Auftraggeber Vertrauen bewies und gelassen blieb. Es ging um den ersten Werbefilm der Modefirma René Lezard. Wie üblich präsentierten wir ein Skript. Der Auftraggeber stimmte zu.

Nun suchten wir nach einem kongenialen Regisseur und kamen auf Mehdi Norowzian, einen in London lebenden Perser. Wir baten ihn, seine Interpretation des Skripts aufzuschreiben, doch er schrieb ein völlig neues. Wir präsentierten es dem Auftraggeber, der es mangels anderer Erfahrungen für normal hielt, dass sich ein Filmskript in wenigen Tagen um 180 Grad drehen kann. Er stimmte wieder zu.

Der Film, den Mehdi drehte, hatte weder mit Skript Nummer eins noch mit Skript Nummer zwei irgendetwas zu tun. Mit dem schlechtesten Treuhändergewissen aller Zeiten setzte sich Deneke von Weltzien in den Zug und fuhr zu René Lezard. Wieder stimmte der Kunde zu und bekam dafür ein Stück Werbung mit hohem Momentum.

In einer kreativ orientierten Agentur ist nicht immer sichergestellt, dass die Empfehlung, die man am Schluss abgibt, diejenige ist, die exakt der ausgearbeiteten Strategie folgt. Wenn wir dicht neben der Strategie eine Kampagne finden, die um vieles faszinierender ist als unsere so genannte „richtige" Kampagne, dann tendieren wir dazu,

DEN REIZVOLLEREN
PFAD NEBEN DEM WEG

auch zu empfehlen. Allerdings nicht, ohne die Abweichung zu kommunizieren.

Dies folgt unserer tiefen Überzeugung, dass exzellente Ideen nicht nur eine leicht verderbliche Ware, sondern auch ein seltenes, knappes Gut sind. Und dass das Momentum einer großartigen Idee eine strategische Ungenauigkeit mehr als ausgleichen kann. Mehr denn je muss Werbung so richtig wie nötig und so begeisternd wie möglich sein. Und nicht umgekehrt.

Ein vorausschauender Auftraggeber wird immer Verständnis dafür haben, wenn eine Agentur für einen solchen Standpunkt kämpft. Leider gibt es oft zu wenig Wertschätzung Ideen gegenüber, sodass ungehemmt in kreative Werkstücke hineingeredet wird und die Gegenwehr der Kreativen als divenhafte Zickigkeit, Eitelkeit und Übersensibilität abgetan wird.

In solchen Fällen pflegt Jung seine Mitstreiter zu beruhigen: „Wegen Beharrlichkeit ist noch keiner Agentur gekündigt worden, aber wegen Nachlässigkeit." Einer unserer Auftraggeber, der unsere Beharrlichkeit allzu gut kennt, gab dann auch zu: „Besser ein Pferd, das man zügeln muss, als eines, das man ständig treten muss."

Wie weit soll sich eine Werbeagentur in den Auftraggeber hineinversetzen? Hier vertreten wir die Theorie der gesunden

Naivität: Der Werbeberater, insbesondere der Kreative, sollte unbelastet von allzu viel Detailwissen und Interna an seine Aufgabe herangehen können.

Denn zu viel Wissen entfernt ihn von seinem Adressaten, dem Verbraucher, in den er sich schließlich hineinfühlen muss. Wenn umfassendes Insiderwissen wirklich nützlich wäre, gäbe es auch mehr erfolgreiche Beispiele von Firmen, die ihre Kommunikation im Haus konzipieren.

Wir glauben auch nicht daran, dass eine Werbeagentur unbedingt Branchenerfahrung braucht, um gute Arbeit zu leisten. Natürlich muss sie den Bewusstseinsstand der avisierten Zielgruppe haben, aber nicht unbedingt mehr.

Nie werden wir den Moment vergessen, als Jung gerade dabei war, vor dem Mövenpick-Management unsere besondere Kompetenz im Bereich Essen und Trinken auszuloben. Plötzlich schoss ein Wasserstrahl quer durch den Konferenzraum und nässte den gesamten Führungskreis ein: Unsachgemäßer hätte von Matt die Mineralwasserflasche nicht öffnen können. Dennoch gewannen wir den Etat.

Eine weitere Erkenntnis für eine optimale Partnerschaft: Eine Werbeagentur muss sich von den hierarchischen Gegebenheiten eines Unternehmens möglichst frei machen, wenn sie sich ihre Beratungs- und Inspirationskompetenz erhalten will. Sonst wird jede Agenturempfehlung von vornherein auf ihre taktische Qualität hin geprüft: „Wenn das dem Herrn A gefällt, wird es Frau B nicht akzeptieren."

ABGEBRANNT, ABER GLÜCKLICH.
BENSON & HEDGES SIMPLY GOLD
Die EG-Gesundheitsminister: Rauchen gefährdet die Gesundheit. Der Rauch einer Zigarette dieser Marke enthält 1,1 mg Nikotin und 13 mg Kondensat (Teer). (Durchschnittswerte nach ISO.)

**BENSON & HEDGES „STREICHHOLZ", PLAKAT 1994:**

NICHTS IST GENERISCHER FÜR ZIGARETTENWERBUNG, ALS EINE PACKUNG ABZUBILDEN UND DEN GENUSS AUSZULOBEN. FÜR BENSON & HEDGES GINGEN WIR EINEN ANDEREN WEG, UND HOHE AUFMERKSAMKEITSWERTE GABEN UNS RECHT. UNSERE FAVORISIERTE SCHLAGZEILE KONNTEN WIR ALLERDINGS NICHT DURCHSETZEN. SIE LAUTETE: ES STARB FÜR EINEN GUTEN ZWECK.

FOTOGRAF: UWE DÜTTMANN

Es scheint zwei Typen von Werbeberatern zu geben: Der eine konzentriert sich seine ganze Karriere lang auf sein Handwerk, Kommunikationslösungen zu entwickeln. Das Unternehmen des Auftraggebers interessiert ihn wenig. Der andere schwingt sich, gelangweilt von der Eintönigkeit der immer wiederkehrenden Kommunikationsaufgaben, zum Unternehmensberater auf. Die konkrete Werbung interessiert ihn wenig. Beide Positionen sind suboptimal.

## IN DER KOMMUNIKATION IST DAS GROSSE GANZE WICHTIG.
### UND DAS DETAIL LEIDER GENAUSO.

Zu oft erlebt man im Ergebnis miserable Kommunikation, der eine großartige unternehmerische Vision zugrunde liegt.

Unsere Beobachtung ist, dass sich die Rollenverteilung von Werbeagentur und Auftraggeber ins Gegenteil verkehrt hat. Während in den Pionierjahren der Werbung der Kunde ein Unternehmer war, der sich auf das Unternehmerische verstand und beschränkte und im Werbefachmann den originellen Umsetzer seiner Verkaufsbotschaft sah, ist man heute oft mit folgender paradoxen Situation konfrontiert:

Die Agentur stürzt sich in Marketinganalysen und versucht, den Kunden in seinem ureigenen Fach zu belehren. Der Kunde wiederum dirigiert das Kreative bis ins letzte Detail, als hätte er es gelernt. Er schreibt Texte um, diktiert Gestaltungsänderungen und macht beim TV-Spot-Dreh alle mit Regieanweisungen verrückt. Eine unheilvolle Form von Job-Rotation.

Als würde die Europäische Union eine große Party veranstalten und die Aufgaben wie folgt verteilen: Die Spanier organisieren, die Engländer kochen, die Franzosen kontrollieren die Eintrittskarten, die Deutschen sorgen für Unterhaltung, UND DIE GRIECHEN SIND FÜR DIE TECHNIK ZUSTÄNDIG.

Das Ergebnis der vertauschten Rollen ist die Werbung, die wir täglich im Werbefernsehen bewundern dürfen. Und von der der Zuschauer zu Hause kaum glauben mag, dass sie von Werbefachleuten stammt. Der Wahrheit ist: Sie stammt gar nicht von Werbefachleuten, sondern von fehlprogrammierten Produktmanagern.

Diese Schnittstellenprobleme sind naturgemäß dann am größten, wenn eine Werbeagentur für eine kreative Branche arbeitet. Modehersteller zum Beispiel neigen oft zur Annahme: Wenn ich Pullover stricken kann, kann ich auch Werbung stricken. Je kreativer die Werbeagentur ist, desto schwerer wird sie sich mit solchen Auftraggebern tun.

Immer wieder traten Unternehmen an uns heran und forderten eine „Sixt-Kampagne". Weil sie den Erfolg dieser Werbung kannten und an jedem Flughafen an ihn erinnert wurden. Ein langes Briefinggespräch endete mit dem Satz: „Machen Sie einfach so was wie für Sixt, und Sie haben den Etat."

Doch obwohl wir die gleiche Mannschaft daransetzten, die sich am Vortag noch exzellente Sixt-Werbung ausgedacht hatte, wurde deutlich, dass ein solcher Kommunikationserfolg nur mit einem Ausnahmeunternehmer wie Sixt möglich ist. Einem, der an Kommunikation glaubt und sich persönlich um jede Kampagne kümmert, anstatt sie von einem Gremium weich spülen zu lassen. Werbung, auf die sich Gremien oder sogar mehrere Parteien einigen müssen, läuft immer Gefahr, in dialektischen Mühlen zerrieben zu werden.

## VON KONSENS BIS NONSENS IST ES OFT NICHT WEIT.

Aus These und Antithese erfolgt die Synthese. Gerade Kommunikationsaufgaben sind nicht so konstruiert, dass sie mit Kompromissen gelöst werden können. Deshalb wurde auch noch keinem Komitee ein Denkmal gesetzt.

Gremien sind oft so sehr mit sich selbst beschäftigt, dass die Anwesenheit von externen Kommunikationsexperten zur Farce wird. Noch ineffizienter sind Konferenzen, wo der wichtigste Impulsgeber, die Werbeagentur, von vornherein ausgeladen ist. Als würden Patienten die Türe ihres Krankenzimmers von innen abschließen und sich gegenseitig therapieren.

Das oft unwägbare Geschäft Kommunikation mit seinen vielen Verständnisklippen erfordert Nahkampf: den direkten, intensiven Dialog zwischen den Hauptdarstellern und den Verzicht auf die übliche Komparsenschar. Dieser Nahkampf ist Voraussetzung für Kommunikationserfolg.

Was kann nun ein Auftraggeber darüber hinaus tun, um zu besseren Ergebnissen zu kommen? Zunächst muss er genauso wie ein Aktienhändler im richtigen Moment kaufen. In der Regel beschreibt der kreative Prozess eine Kurve, die erst steil ansteigt, dann den höchsten Punkt erreicht und danach flach abfällt. Das heißt: Bei einer Aufgabe erreicht der Kreative seinen „Point of Excellence" meistens erst nach einer Anlaufphase, wird danach aber unmerklich immer schwächer, bis die Luft und Lust ganz raus ist.

Das ist vergleichbar mit der Situation eines Schauspielers, der den gleichen Satz dreißigmal sprechen muss. Sein siebter Versuch wird wahrscheinlich besser sein als sein erster. Aber sein dreißigster wird vermutlich schlechter sein als sein siebter. Ähnlich geht es auch dem Leichtathleten. Oft entsteht schlechte Werbung nur deshalb, weil der Auftraggeber zu spät

# „BINGO"

sagt, ohne zu merken, dass die kreative Spannung längst abgefallen war. (Zugegeben, ein zu frühes Bingo ist auch nicht ideal.)

Ein Auftraggeber sollte auch akzeptieren, dass seine Werbung mal besser, mal schlechter arbeitet. Diese Bereitschaft ist aber selten. Er wartet im ersten Jahr geduldig, im zweiten Jahr nervös auf seinen ersten herausragenden Kommunikationserfolg. Und kaum ist er da, versucht er, ihn zu standardisieren. Er sucht nach den Merkmalen des Supererfolgs Teil I, leitet Kriterien für den Supererfolg Teil II ab und macht die Kreativen verrückt. Spätestens dann, wenn der Supererfolg Teil II auch im dritten Jahr auf sich warten lässt.

## MOMENTUM IST NICHT PROGRAMMIERBAR.

Wer in dieser Situation seinem Auftraggeber erklärt, dass der liebe Gott nur den Entspannten hilft, der ist nicht mehr weit davon entfernt, ein verdammt guter Treuhänder zu sein.

Der japanische Kaiser Katsura wollte den Architekten Kobori Enshu für den Bau seines Palastes gewinnen. Der Architekt stellte drei Bedingungen: 1. Es dauert so lange, wie es dauert. 2. Es kostet so viel, wie es kostet. Und 3. Der Kaiser darf erst kommen, wenn alles fertig ist. In 46 Jahren Bauzeit entstand ein Palast, der bis heute zu den schönsten der Welt zählt. Die Kosten sind allerdings nicht überliefert.

Bleiben wir bescheiden und beschränken uns auf die dritte Bedingung. Der Auftraggeber sieht die Werbung erst, wenn sie fertig ist. Er hält sich aus allen Entscheidungen dazwischen raus. Was für ein Gewinn an Zeit und Qualität!

Was den Abfahrtsläufer zu einer Goldmedaille führt, führt auch beim Kunden einer Werbeagentur zum Erfolg: die richtige Richtung bestimmen, laufen lassen, dennoch wachsam sein, um in prekären Situationen korrigieren zu können, und sich möglichst klein machen. Eine konsequente Haltung, die in der Praxis leider selten ist.

Unsichere Auftraggeber machen aus einer Abfahrt einen Slalom, indem sie permanent hin und her korrigieren und so den Lauf abbremsen. Wer in der angespannten, konzentrierten Situation eines Filmdrehs bei jeder Szene Grundsatzfragen diskutiert oder Details bemäkelt, schadet dem Ergebnis. Er verunsichert das Team und raubt der Arbeit den Schwung.

In dieser Hinsicht hatte von Matt vor mehr als 30 Jahren ein prägendes Erlebnis. Zum ersten Mal konnte er sich einen Starfriseur leisten, Göpf Möri aus Zürich. Kaum hatte dieser zu schneiden begonnen, korrigierte ihn von Matt. Und dann wieder und wieder, etwa im Drei-Minuten-Takt. Die Laune von Herrn Möri sank linear, und das Endergebnis war sozusagen eine auf den Kopf gestanzte Lehre fürs Leben.

Natürlich machen Werbeleute Fehler. Und wer Werbewirkung auf die Spitze treiben will, macht womöglich mehr davon. Auch wir haben leider eine ganze Reihe von Flops verursacht, Kampagnen, die nicht den erwünschten Erfolg brachten oder sogar nach hinten losgingen. Doch warum tun wir Werber uns so schwer, zu Fehlern zu stehen? Warum wird am Ende immer alles schöngelogen?

Als wir mit der täglichen Bild-TV-Werbung starteten, war uns klar, dass man in der Rekordzeit von 5 Stunden von Briefing bis Ausstrahlung keine gesicherte Qualität abliefern kann. Da es in dem knappen Timing auch nicht möglich war, die Spots dem Auftraggeber vor der Ausstrahlung zu zeigen, waren wir verunsichert.

Wir gingen zum Chefredakteur und erklärten ihm, dass wir nicht garantieren können, dass jeder Spot gut wird. Er gab uns eine simple Antwort: „Ich kann Ihnen auch nicht garantieren, dass meine Zeitung jeden Tag gleich gut ist.“

Einer der unvergesslichsten Momente in von Matts Karriere war, als ein Ferrero-Boss ihm eröffnete, dass seine Kampagne nichts bewegt hat. Unvergesslich vor allem sein letzter Satz und der italienische Akzent, mit dem er ausgesprochen wurde:

WIR HABEN DEM VERBRAUCHER EINEN BRIEF GESCHRIEBEN, ABER ER IST NICHT ANGEKOMMEN.

Normalerweise ist der Worst Case von Werbung, dass eine Kampagne keine positiven Effekte zeigt. Negative Effekte haben wir nur in ganz seltenen Fällen erlebt. Einmal bei Sixt. Wir sollten eine Anzeige machen, die laut und deutlich das Leasingangebot von Sixt ankündigt. Wie immer war maximales Momentum gefragt. Herr Sixt war der Meinung, dass die gesamte Industrie zu viel für ihren Fuhrpark bezahlt, und wollte das Deutschlands Einkaufschefs verdeutlichen.

Unsere Idee war, keine herkömmliche Anzeige zu schalten, sondern eine Liste zu veröffentlichen. Schlagzeile: „Hier eine Liste aller Unternehmen, die für ihren Fuhrpark zu viel bezahlen." Darunter waren die 500 größten Unternehmen Deutschlands aufgelistet, halt alle, die für Sixt Leasing als Kunden infrage kamen. Die Anzeige löste einen Aufschrei aus, weil sie unerwartet wörtlich genommen wurde.

Deutschlands Bosse gingen davon aus, dass die Liste in der Sixt-Anzeige seriös recherchiert war, und stellten ihre Einkäufer und Fuhrparkleiter zur Rede. Sie empfanden es als rufschädigend, öffentlich als Cashburner dargestellt zu werden. Irgendwann schrieb die Firma Sixt 500 Entschuldigungsbriefe. Bilanz: Eine

Menge Ärger, aber auch eine Menge Bekanntheit für das kompetitive Leasingangebot von Sixt.

Schließlich gilt auch in der Marketingkommunikation, was bis heute keiner schöner gesagt hat als der ehemalige Formel-1-Weltmeister Mario Andretti:

"IF THINGS SEEM UNDER CONTROL
YOU ARE JUST NOT GOING FAST ENOUGH."

# NACHWORT

VON DOMINIQUE VON MATT

Dominique von Matt arbeitete nach seiner Promotion zum Dr. oec. publ. bei der Wirz Werbeagentur in Zürich und bei DMB&B in London, bevor er 1993 zusammen mit David Honegger in Zürich Honegger/von Matt gründete. 2001 startete er als Geschäftsführer und Vorsitzender der Geschäftsleitung die Agentur Jung von Matt/Limmat. Im Jahre 2002 wurde Dominique von Matt in der Schweiz zum „WERBER DES JAHRES“ gewählt.

Das Verständnis der Kommunikation, das in diesem Buch skizziert ist, zeigt eine neue Ära auf. Es ist geprägt von Axiomen, die in der Kommunikation bisher noch nie so konsequent umgesetzt wurden: Angriffslust schlägt Souveränität, Bottom-up schlägt Top-down, Faszination schlägt Korrektheit, Polarisierung schlägt Akzeptanz, Why-not schlägt Yes-but, Profil schlägt Ausgewogenheit, und Format schlägt Frequenz. Wo werden diese Grundsätze in Zukunft Anwendung finden? In welche Richtung werden sich die Kommunikation und die Arbeit in den Werbeagenturen entwickeln? Zehn Trends zeichnen sich ab:

## I.
AUF DIE INFORMATIONSGESELLSCHAFT
FOLGT DIE DREAM-SOCIETY

## II.
INTEGRIERTE KOMMUNIKATION
BEKOMMT EIN NEUES MODELL

## III.
DIE MASSENKOMMUNIKATION WIRD NICHT DURCH
ONE-TO-ONE-KOMMUNIKATION VERDRÄNGT

## IV.
DAS INTERNET VERÄNDERT
DIE MARKENFÜHRUNG

## V.
DIE MARKE BLEIBT
DER LEUCHTTURM IM CHAOS

## VI.
DIE NEUEN MÄRKTE SIND SPRACH-
UND KULTURRÄUME

## VII.
SCHLECHTE WERBUNG
IST WIE EIN DEFEKTES PRODUKT

## VIII.
AGILITÄT WIRD ZUM ZENTRALEN
WETTBEWERBSFAKTOR

## IX.
DIE IDENTITÄT KOMMT VOR DEM IMAGE

## X.
NACHHALTIGKEIT WIRD
ZUM TREIBER DER MARKENWERBUNG

# I.
## AUF DIE INFORMATIONSGESELLSCHAFT FOLGT DIE DREAM-SOCIETY

Die Konsumentinnen und Konsumenten haben genug davon, sich mit Informationen via Internet, TV und Presse bombardieren zu lassen. Eigentlich möchten sie lieber einmal träumen können und sich so der Komplexität des Alltags entziehen. Sie erwarten deshalb von Marken geradezu, zum Träumen animiert zu werden. Entsprechend müssen sich die Unternehmen zu Geschichtenerzählern entwickeln, die Mythen und Legenden über ihre Marken entwickeln.
Menschen erfinden sich täglich neu. Wir können in verschiedenen Lebenssituationen in die unterschiedlichsten Rollen schlüpfen. Wir thematisieren, ja wir publizieren uns selbst. Die Realität wird zur Inszenierung, die Inszenierung zur Realität. Das sind Vorboten eines Trends, bei dem Werbung immer häufiger die Wirklichkeit simuliert.

# II.
## INTEGRIERTE KOMMUNIKATION BEKOMMT EIN NEUES MODELL

Immer mehr Produkte sind Antworten auf Fragen, die niemand gestellt hat. Dies führt dazu, dass das Vorgehen bei der Produktentwicklung radikal umgestellt werden muss:
Kommunikation, die darauf ausgelegt ist, eben diese Mythen und Legenden der Dream-Society zu schaffen, wird zum Ausgangspunkt bei der Produktentwicklung. Nicht mehr die Research & Development-Abteilung steht am Anfang einer Produktentwicklung, sondern Kommunikationsspezialisten.
Der Effekt: Man entwickelt Marken, die von Geburt an das Potenzial zur Lovebrand haben, und differenziert sich über eine eigenständige, umfassende Kommunikationswelt nachhaltig von den Wettbewerbern.
Mit der neuen Bedeutung der integrierten Kommunikation müssen sich auch die Werbeagenturen neu formieren. Die Unternehmensgruppen für integrierte Kommunikation haben nämlich versagt. Einzelne Kommunikationsdisziplinen lieferten sich als selbstständige Firmen unter einem Holdingdach einen harten Wettbewerb um die Budgets des Kunden. Partikulärinteressen waren dominant. Optimiert wurde letztlich nicht die Konsistenz der Botschaft, sondern der eigene Profit.
Nur der Thinktank kann die integrierte Kommunikation aus der Sackgasse holen. Im Thinktank greifen komplementäre Kommunikationsdisziplinen wie Zahnräder ineinander.

## III.
### DIE MASSENKOMMUNIKATION WIRD NICHT DURCH ONE-TO-ONE-KOMMUNIKATION VERDRÄNGT

Das Internet hat die Möglichkeiten des One-to-One-Marketings zwar potenziert. Dennoch wird die klassische Werbung im Sinne der Massenkommunikation nicht sterben. Verantwortlich dafür ist letztlich das Streben nach Anerkennung, das weiterhin ein Grundbedürfnis unserer Gesellschaft bleiben wird. Die Befriedigung dieses Bedürfnisses erfolgt immer stärker über die Selbstdefinition durch Konsum bzw. Marken. Die Marke ist ein Stammeszeichen, das die Zugehörigkeit zu einer Gruppe repräsentiert. Die Selbstdefinition kann jedoch nur erfolgen, wenn bestimmte Codes allgemein anerkannt sind. Das heißt, dass jedem klar ist, was es bedeutet, Nike-Turnschuhe zu tragen, einen BMW zu fahren, bei Sixt ein Auto zu buchen oder Marlboro zu rauchen. Das ist mit One-to-One-Marketing kaum möglich, weil dieses erstens nur an einen begrenzten Kreis gerichtet werden kann und zweitens keine Öffentlichkeit schafft.
Eine entscheidende Zielgruppe sind aber eigentlich diejenigen, die die Marke nicht kaufen, aber mit den Käufern in einer Beziehung stehen. Kurz: Mein Nachbar muss wissen, was er von meinem neuen BMW zu halten hat, damit er weiß, was er von mir zu halten hat.

## IV.
## DAS INTERNET VERÄNDERT DIE MARKENFÜHRUNG

Die Unternehmen verlieren erstmals die Autonomie bei der Gestaltung der Markenidentität. Mit den E-Brands hält das „Linux-Prinzip“ Einzug in die Markenführung, die Marke wird im Internet zum Open-Source-System. Die Kunden gestalten die Marke aktiv mit: über Feedback und Formulierung von Wünschen und Ansprüchen sowie über den Meinungsdruck von Communities. Der “24-hours-never-satisfied-customer” (McKenna 1997) ist Realität und verlangt von der Marke Interaktion in Echtzeit.

Die Community im Internet ermöglicht es den Unternehmen andererseits, ebenfalls in Echtzeit zu verfolgen, welche Vorstellungen und Emotionen eine Marke weckt. Bayer nutzt beispielsweise seine Diabetiker-Website systematisch, um auf der Basis der Häufigkeiten von Begriffen, die in Chats erwähnt werden, Trends zu analysieren. Der Konsument entblößt sich selbst. Der Kundenmix wird im Internet ganz direkt zum Teil der Markenidentität. Die Struktur der Personen, die sich auf einer Website aufhalten, beeinflusst die Markenwahrnehmung. Analog zum Gastgewerbe, wo der Gästemix das Image des Restaurants bestimmt.

Die Markenführung wird nicht nur in der Intensität stärker vom Konsumenten beeinflusst, sondern auch in der Geschwindigkeit. Nachrichten verbreiten sich im Web wie ein Lauffeuer. Im besten Fall kann sie ein Unternehmen selbst steuern und aktiv Virusmarketing betreiben. Die Mund-zu-Mund-Werbung feiert so ein digitales Revival.

## V.
## DIE MARKE BLEIBT DER LEUCHTTURM IM CHAOS

Verfechter der New Economy wollten uns weismachen, dass die Bedeutung der Marken abnehme, da der direkte Kontakt vom Unternehmen zum Konsumenten hergestellt wird. Sozusagen "back to the future", ihr Zeitalter vor dem Markenartikel. Das Gegenteil ist wahr.

Das Informationsangebot potenziert sich im Internetzeitalter. Angesichts der Anzahl der Optionen sucht der Mensch nach Orientierung. Gleichzeitig nimmt sein Lebenstempo in allen Bereichen zu, und die Handlungsräume erweitern sich durch die Auflösung geografischer Grenzen. Die Fähigkeit des menschlichen Hirns zur Informationsverarbeitung hat sich aber kaum verändert. Die Evolution rechnet nicht in Internetjahren, sondern in Generationen.

In dieser Situation wird die Marke zum ersehnten Leuchtturm. Der Konsument reagiert auf starke Signale, die differenzieren und Sicherheit vermitteln. Er sucht Identifikationsfelder. Die Marke ist oft der einzige differenzierende Faktor im "War for Eyeballs". Die starke Marke wird zur wichtigsten Eintrittsbarriere für Wettbewerber und damit zum Bollwerk des Unternehmens. Und auch zu seiner Verpflichtung. Ist der Verbraucher vom Markenerlebnis enttäuscht, wird die Investition in das immaterielle Gut Marke zu unwiederbringlich verlorenen Kosten.

# VI.
## DIE NEUEN MÄRKTE SIND SPRACH- UND KULTURRÄUME

Auch wenn die Vereinheitlichung der Konsumgewohnheiten überschätzt wird, nimmt sie vor allem bei den Jugendlichen und "Well-offs" klar zu. Das Internet wirkt als Beschleuniger dieser Entwicklung. Mit der Internationalisierung der Unternehmen wächst gleichzeitig die Anzahl der globalen Marken. Der Reflex der Werbung: "One world, one voice."
Die globalen Kampagnen werden noch zunehmen. Ob sie genügend Momentum haben werden, bleibt jedoch fraglich. Nur zu oft schaukeln sich die globalen Werber auf einen kleinsten gemeinsamen Nenner hinunter, der in langweiligen Bildwelten ohne klare Aussagen endet. Ganz nach dem Motto: „Wer nichts sagt, wird überall verstanden." Die herausragenden globalen Kampagnen, die auf einer starken Idee beruhen und weltweit Akzeptanz finden, werden wohl in der Minderheit bleiben. Deshalb wird sich die Erkenntnis durchsetzen, dass man ein Konzept nur selten gobal umsetzen kann, dass dagegen aber Sprach- und Kulturräume die relevanten Kommunikationseinheiten sind. Innerhalb dieser Räume bestehen eine hohe Anzahl von Codes, die verstanden werden, und Shared Values, auf denen aufgebaut werden kann.

## VII.
### SCHLECHTE WERBUNG IST WIE EIN DEFEKTES PRODUKT

Die Vielzahl von Alternativen mit gleicher Qualität macht es den Konsumenten immer einfacher auszuweichen. Zudem wird der Vergleich via Internet erleichtert, und der Wettbewerber ist nur noch einen Klick entfernt. Schlechte Werbung erhöht das Risiko des Markenwechsels drastisch.
Bei 14,1 % der Deutschen führt gemäß einer Studie von TNS-Emnid ärgerliche Werbung direkt zur Kaufverweigerung. (Roth 1999) Bei hohen Kaufkraftklassen ist die Tendenz zur Kaufverweigerung sogar dramatisch. So geben 27,3 % der Haushalte mit einem Einkommen von über 3.000 Euro an, dass sie Produkte bewusst nicht gekauft haben, weil sie sich über die Werbung geärgert haben. Mit schwacher Werbung wird mehr als ein Viertel des Marktes der Gutverdienenden verschenkt. Schlechte Werbung hat immer öfter die gleichen Auswirkungen wie ein defektes Produkt. Nur, einen Produktionsleiter, der ein Viertel Ausschuss produziert, würde man sofort entlassen – im Gegensatz zum Marketingleiter, der durch mutlose, langweilige Werbung ein Viertel des Potenzials vergibt.
Oft negieren Unternehmen diesen Umstand. Wenn ein Konzept nicht greift, wird es einfach nach dem Grundsatz "More of the same" penetriert. Das Credo lautet: "If you have nothing to say – repeat it." Overspending als Rezept gegen Ideenarmut.

# VIII.
## AGILITÄT WIRD ZUM ZENTRALEN WETTBEWERBSFAKTOR

Eine bekannte Geschichte zeigt die Situation, in der sich die Marken heute befinden: „Jeden Morgen wacht in Afrika eine Gazelle auf. Sie weiß, sie muss schneller laufen als der schnellste Löwe, um nicht gefressen zu werden. Jeden Morgen wacht in Afrika aber auch ein Löwe auf. Er weiß, er muss schneller als die langsamste Gazelle sein. Sonst würde er verhungern. Es ist eigentlich egal, ob man ein Löwe oder eine Gazelle ist. Wenn die Sonne aufgeht, muss man rennen."

In den 60er und 70er Jahren musste eine Marke vor allem bekannt sein. In den 80er und 90er Jahren musste sie ein gutes Image haben. Im neuen Jahrtausend aber muss eine Marke mehr Kraft haben, um im Verdrängungswettbewerb zu überleben. Landesgrenzen schützen nicht mehr vor Wettbewerb, die meisten Märkte sind gesättigt, der Margendruck steigt. Die Selektion der Marken wird zum Megatrend.

Die Marke muss also nicht nur bekannt sein und einen emotionalen Mehrwert vermitteln. Sie muss auch agil und kompetitiv sein. Die Frage heißt heute: "To have lunch or to be lunch." Keine Branche hat dies wohl so klar vorgelebt wie die Telekommunikationsbranche und die Internet-Service-Provider.

# IX.
## DIE IDENTITÄT KOMMT VOR DEM IMAGE

Das Marketingprodukt, das mittels Marktforschung akribisch auf eine Zielgruppe maßgeschneidert wird, scheitert immer öfter. Erstens, weil sich die Zielgruppen in der Multioptionsgesellschaft schon lange aufgelöst haben, und zweitens, weil Produkte, die sich bei einer bestimmten Zielgruppe krampfhaft anbiedern, ihre Seele verlieren. Attraktiv ist nicht, wer dem Konsumenten um jeden Preis gefallen will, sondern wer selbstbewusst eine Identität ausstrahlt.
Das Image ist Folge der Identität. Es entsteht nicht am Schreibtisch des Marketers, sondern im Bewusstsein des Verbrauchers. Nicht der Unternehmer ist Besitzer der Marke, sondern der Konsument. Oft entsteht auch ein Image in einer Zielgruppe, auf die man gar nicht zielt. Nike ging als Schuh für Langstreckenläufer an den Start. Und kam als Weltanschauung für die Massen ins Ziel. Hätte man in Läufersegmenten gedacht, wäre man auf der Strecke geblieben. Erst der Schritt, die Marke mit ideologischer Werbung zum Kult zu machen, öffnete Nike neue Zielgruppen. In jeder demografischen Zielgruppe gibt es heute Leute, die sich vom Lebensstil von Nike angesprochen fühlen.
Warum ist die Neue Zürcher Zeitung seit über zwei Jahrhunderten eine der erfolgreichsten Zeitungen Europas? Weil das Layout so gefällig ist und die Texte so süffig? Nein. Das Layout ist eintönig, und die Texte sind schwere Kost. Aber der Inhalt ist brillant und repräsentiert einen hohen journalistischen Ethos. Authentische Marken mit einer klaren Identität haben das Zeug zur Kultmarke. Brave Marketingprodukte ziehen den Kürzeren.

## X.
### NACHHALTIGKEIT WIRD ZUM TREIBER DER MARKENWERBUNG

Das Thema Nachhaltigkeit, das nach dem New-Economy-Schock das Bewusstsein der Manager eroberte, wird die Werbung prägen. Auf hyperventilierende Manager, die Quick Wins fordern, folgen abgeklärte Strategen, die die Nachhaltigkeit des Wirtschaftens ins Zentrum stellen.
Der markanteste Einfluss in der Kommunikation wird der Trend zur Markenwerbung sein. Im Gegensatz zur Werbung für Produkte und Dienstleistungen, deren Return on Investment vom Produktlebenszyklus abhängt, ist die Investition in die Marke die nachhaltigere. Mit ihr wird langfristig das Bewusstsein der Zielgruppe verändert und eine Beziehung aufgebaut, die eine tragfähige Basis für eine Vielzahl von Produkten sein kann. Seit das Personalkarussell bei den Werbeauftraggebern noch schneller dreht als bei den Werbeagenturen, ist die Lebensdauer von Kampagnen weiter gesunken. Das wird sich vor dem Hintergrund der Nachhaltigkeit ändern. Die Marketer werden weniger leichtfertig mit ihren Kampagnen umgehen. Die langfristige Alleinstellung wird als nachhaltiger Wert erkannt. Der Wert einer Werbeidee wird kritischer geprüft werden, zumal der Wert einer Marke immer häufiger quantifiziert wird und wohl bald Eingang in die Bilanzen finden wird.

# SCHLUSS

Sicher ist, dass herausragende Kommunikation ein wichtiger Wert bleiben wird. Seit Watzlawick wissen wir: Man kann nicht nicht kommunizieren. Auch ein weißes Produkt ist ein Markenartikel, auch wenn Body Shop auf klassische Werbung verzichtet, kommuniziert die Marke doch intensiv. Die Inhalte, die Kanäle und die Tonalität werden sich ändern, aber die Bedeutung der Kommunikation bleibt. Wer darin die Expertise hat und Momentum erzeugen kann, wird die Märkte von morgen dominieren.

IST DIESES BUCH SEIN GELD WERT?

Den Maßstab, den wir an unsere Kommunikation anlegen, nämlich mit ihrer Wirkung ein Vielfaches ihrer Kosten einzuspielen, gilt auch für unser erstes Buch.

Nur Sie als Leser können uns wichtige Tipps geben:

Zeigt dieses Buch neue Aspekte auf?
Vermittelt es einen lebendigen Eindruck von unserem Beruf?
Sind Empfehlungen in der Praxis umsetzbar?
Was hat Ihnen besonders gut gefallen? Und was gar nicht?

Wir freuen uns, wenn Sie uns e-kritisieren und damit helfen, unser nächstes Buch besser zu machen. Wir haben dafür eine Seite im Internet eingerichtet:

www.jvm.de/buchkritik

OHNE DIESE MENSCHEN WÄRE UNSER BUCH EINE LOSE ANSAMMLUNG VON VOLL GEKRITZELTEM PAPIER GEBLIEBEN:

Giovanni Castell, der Titelfotograf aus der Nachbarschaft. Eines Tages rief er an, ob er uns mal fotografieren dürfe. Es würde schnell gehen. Wir gingen in den Hof hinunter, und das bisher ungewöhnlichste Bild von uns entstand.

Deike Leiner und Biljana Heric, unter den langjährigen Weggefährten die zwei Besten im Quengeln und Drängeln: Sie kriegten uns dazu, uns regelmäßig an einen Tisch zu setzen und je hundertsechzig Seiten pünktlich abzuliefern.

Götz Ulmer und Julia Ziegler, die das Buch gestalteten. Und im Spannungsfeld zwischen „Es muss ein außergewöhnliches Buch werden" und „Es muss ein ganz normales, lesefreundliches Buch werden" nie den Mut verloren.

Ein Buch von Werbern wird immer Halbwissen bleiben. André Schulz, unser wissenschaftlicher Mitarbeiter, hat durch seine Beiträge und peniblen Recherchen dafür gesorgt, dass es nicht nur Viertelwissen wurde.

## QUELLEN

BECKER, J.: Marketing-Konzeptionen. Grundlagen des strategischen Marketing-Managements. 5., verb. und erg. Aufl., München 1993.
BENJAMIN, W.: Das Kunstwerk im Zeitalter seiner technischen Reproduzierbarkeit. Frankfurt a. M. 2000, 1. Aufl. 1963 [Nachdr.].
BOURDIEU, P.: Die feinen Unterschiede. Frankfurt a. M. 1982.
DELLAFEMINA, J.: From those wonderful folks who gave you Pearl Harbor. New York 1970 [Dt.: Flauschig weich wird selbst die Leiche. Frontberichte aus dem Werbekrieg. Hrsg. v. Charles Sophin, Frankfurt a. M. 1971].
DICKENS, CH.: Harte Zeiten. Frankfurt a. M. 1996.
GRAHAM, R. C./FRANKENBERGER, K. D.: The Contribution of Changes in Advertising Expenditures to Earnings and Market Values. In: Journal of Business Research 50 (2000): 149-155.
HOZIER, G.C./SCHATZBERG, J.D.: Advertising Agency Terminations and Reviews: Stock Returns and Firm Performance. In: Journal of Business Research 50 (2000): 169–176.
KANT, E.: Kritik der Urteilskraft. Sonderausg., 3. Aufl., Frankfurt a. M. 1997.
KLEIN, N.: No Logo! Der Kampf der Global Players um Marktmacht. Ein Spiel mit vielen Verlierern und wenigen Gewinnern. 2. Aufl., München 2001.
KOVER, A. J./GOLDBERG, S. M./JAMES, W. L.: Creativity vs. Effectiveness? An Integrating Classification for Advertising. In: Journal of Advertising Research 35.6 (1995): 29–40.
KROEBER-RIEL, W./ESCH, F. R.: Strategien und Techniken der Werbung. 5., völlig neu bearb. und erw. Aufl., Stuttgart, Berlin, Köln 2000.
LACHMANN, U.: Wahrnehmung und Gestaltung von Werbung. Hamburg 2002.
VON MATT, D.: Markenpolitik in der schweizerischen Markenartikelindustrie. Bern/Stuttgart 1988.
MCKENNA, R.: Real Time. Preparing for the Age of Never Satisfied Customers. Boston/Mass. 1997.
OGILVY, D.: Geständnisse eines Werbemannes. Wien et al. 1964.
PACKARD, V.: Die geheimen Verführer. Düsseldorf et al. 1992.
RIFKIN, J.: Access – Das Verschwinden des Eigentums. Frankfurt a. M. 2000.
ROTH, F.: Lila Kuh schlägt braune Brause. In: HORIZONTmagazin 3 (1999): 78–83.
TROMMSDORFF, V./BECKER, J./NACHTIGALL, K.: Werbekreativität und Werbewirkung. Eine empirische Untersuchung. Unv. Manus., Berlin 2001.
YOUNGCOM! (HRSG.): Jugendstudie 2000. München 2000.
BANDEROLE
DEUTSCHE BAHN „CINDY“, Regie: Jeff Darling; Filmproduktion: B.F.C.S.
DEUTSCHE POST „FACHLEUTE“, Regie: Wolfgang Petersen; Filmproduktion: Sterntag
BILD-ZEITUNG „WINNETOU“, Regie: Tobias Meinecke; Filmproduktion: Markenfilm
SPARKASSE „RÜCKKEHR“, Regie: Martin Schmid; Filmproduktion: Jo!Schmid